- 2019年国家社会科学基金项目"中国流动人口收入差距、形成机制和改善路径研究"(项目编号：19BSH046)研究成果
- 河北省城乡融合发展协同创新中心资助

中国流动人口收入差距的形成与改善

桂莉 等 ○ 著

中国社会科学出版社

图书在版编目(CIP)数据

中国流动人口收入差距的形成与改善 / 桂莉等著.
北京：中国社会科学出版社，2025. 3. -- ISBN 978-7-5227-4805-4

Ⅰ.C924.24；F126.2

中国国家版本馆 CIP 数据核字第 2025HD0852 号

出 版 人	赵剑英
责任编辑	朱华彬　李　立
责任校对	谢　静
责任印制	李寡寡

出　　版	中国社会科学出版社
社　　址	北京鼓楼西大街甲 158 号
邮　　编	100720
网　　址	http://www.csspw.cn
发 行 部	010-84083685
门 市 部	010-84029450
经　　销	新华书店及其他书店
印　　刷	北京明恒达印务有限公司
装　　订	廊坊市广阳区广增装订厂
版　　次	2025 年 3 月第 1 版
印　　次	2025 年 3 月第 1 次印刷
开　　本	710×1000　1/16
印　　张	14.5
字　　数	203 千字
定　　价	78.00 元

凡购买中国社会科学出版社图书，如有质量问题请与本社营销中心联系调换
电话：010-84083683
版权所有　侵权必究

前　言

我国的改革开放和城镇化促进了劳动力资源的快速流动，由此形成大规模的流动人口，成为我国劳动力市场的中坚力量，为我国经济的快速发展作出了巨大贡献。在经济快速发展和劳动力市场政策变迁的历程中，流动人口的流动规模、流动特征、就业特征等也发生了巨大变化。流动人口作为我国劳动力市场的重要组成部分，其收入决定机制和收入差距的变化成为我国劳动力市场转型和发育过程的缩影，深刻地影响着我国整体的收入分配格局。

从狭义视角来看，流动人口的收入主要指在劳动力市场中通过劳动获得的工资收入；从广义视角来看，社会保障权益作为劳动的延期支付，也是流动人口收入的重要组成部分。社会保障权益的核心主要包括养老保险、医疗保险、失业保险、工伤保险、生育保险等社会保险项目。同时，我国的社会保险分为城镇职工社会保险和城乡居民社会保险，由于两者的保障水平存在很大差异，参加社会保险的类别对于流动人口的收入回报具有重要影响，因此，本书从工资和社会保障权益两个方面考察流动人口的收入差距情况。

根据劳动经济学理论，劳动力流入某个国家或者地区的劳动力市场，当地的劳动力市场状况会对流动人口的收入产生不同的影响结果。如果劳动力市场是统一的、完全竞争的，那么大量的劳动力流入会增加流入地同质劳动力的供给，从而降低这类劳动力的工资水平。但是，由于劳动力市场的竞争性和统一性，这些外来劳动力并不会受到劳动力市场歧视，相对于城镇本地居民，他们从事的就业岗位低端、工资水平较低，产生收入差距的主要原因是人力资本水平为主的个体禀赋差异，歧视并不是产生收入差距的主要来源。与此相反的情形，如果劳动力市场是分割的、非竞争性的，那么流动人口进入当地劳动力市场后，会存在工资、就业、社会保障权益等方面的劳动力市场歧视，如果外来劳动力大规模流入，会导致流入地劳动力市场的拥挤程度提高，从而加剧劳动力市场的歧视程度，这种劳动力市场分割导致流动人口工资和社会保障权益也相应地低于本地居民，以上差异不仅受个人禀赋的影响，劳动力市场歧视也是重要的影响因素。

在改革开放初期，由于传统的户籍制度以及农村剩余劳动力无限供给的特征，使流动人口进入城市劳动力市场后首先受到户籍制度歧视，成为劳动力市场的弱势群体，尤其是以乡城流动人口为主的流动人口主要聚集在城市次级劳动力市场，不能公平地享有本地居民同等的工资水平和社会保障权益，具体表现在以下几个方面。第一，在就业方面，乡城流动人口大多数从事稳定性差、劳动强度大的工作，职业伤害风险大且缺少必要的劳动保护。第二，在很长时期内，乡城流动人口的工资水平明显低于城镇本地劳动者，两者工资差距的主要来源是由户籍歧视导致的。第三，乡城流动人口社会保障权益缺失，由于户籍歧视以及社会保障的城乡分割和地域分割，大部分乡城流动人口很难获得城镇职工社会保障权益，这也直接影响着他们的收入回报。随着工业化和城镇化进程的快速推进，我国劳动力市场发生了巨大变化，人口流动政策和户籍制度改革从制度上保证了劳动力的自由流动，同时，刘易斯拐点的出现，使劳动力市场供求关系发生了转折性的变化，农村剩余劳动力从无限供给向有限供给转变。工资作为劳动力价格的直接反映，乡城流动人口工资水平得到快速提升，呈现与城镇本地职工趋同甚至反超的态

前言

势，以上变化表明我国劳动力市场机制弱化了户籍歧视的影响。在这个过程中，随着流动人口在劳动力市场中越来越活跃，流动人口内部结构也逐渐多元化，由最初农村剩余劳动力为主的群体转变为流动目的、流动方向、流动时间、受教育程度、就业构成等方面多元化的复杂群体。早期以乡城流动人口为主的流动人口构成发生了重大的变化，城城流动人口的占比呈现上升趋势，以上变化趋势导致流动人口内部收入水平出现了明显的分层，流动人口的收入呈现更为复杂化和多样化的特点。

综上所述，在我国的经济背景和制度背景下，流动人口的收入差距受以下两方面的影响，一方面在市场机制作用下，以人力资本为核心的个人禀赋特征导致的收入差距；另一方面则受制度因素的影响，主要表现为以户籍制度为基础形成的劳动力市场歧视，包括城市劳动力市场中工资水平、社会保障权益等方面的歧视。这两个因素随着劳动力市场机制的健全和户籍制度改革的推进，对收入差距的影响效应也发生着明显的变化。

本书正是基于以上背景提出，以劳动力流动理论、劳动力市场分割理论、人力资本理论为基础，首先对流动人口的工资收入差距的现状和趋势进行测量，然后基于 Mincer 收入方程进行收入差距分解，评估流动人口收入差距形成的禀赋效应和结构效应，并进一步分析人力资本中受教育水平和健康资本对工资的影响；在此基础上，以城镇职工医疗保险参与的户籍差异作为切入点，分析乡城流动人口社会保障权益获取的户籍歧视程度，以城镇本地职工作为参照，考察社会保险参与对乡城流动人口工资的影响，从而深入探究我国流动人口收入差距的形成机制，并提出缩小收入差距的优化路径。主要研究内容如下。

第一章，绪论。论述了本书的研究背景、意义、国内外文献综述、研究内容和研究方法，并对本书的创新点和不足进行概括性总结。

第二章，概念和理论基础。对本书的核心概念进行界定，梳理相关的理论基础。首先，明确界定流动人口、人力资本与收入差距的概念；其次，梳理劳动力流动理论、劳动力市场分割理论、人力资本理论，阐明本书的理论分析基础，归纳总结影响我国流动人口收入的相关政策，构建本书的政策背景；最后，基于理论分析基础和政策背景，提炼出本书的分析框架。

第三章，改革开放以来的人口流动政策和户籍制度变迁。本章对我国改革开放以来的人口流动政策和户籍制度的演变过程进行了梳理，并总结了改革的特点和取得的成效，重点关注政策改革对劳动力自由流动和公共服务均等化目标的影响。

第四章，中国流动人口收入分布特征与差异。笔者使用2010—2018年的"中国流动人口动态监测调查数据"（CMDS），首先对流动人口的基本特征进行描述性统计分析，然后从受教育水平、户籍、代际差异讨论流动人口内部的工资分布和变化趋势，全面分析流动人口工资差距的变化及趋势。

第五章，流动人口的工资差异分解及影响因素分析。采用微观数据，首先对流动人口和城镇本地职工两个群体收入差距进行分位数分解，考察两者工资差距的影响因素和形成机制。然后对群体间基于户籍、代际分类，对流动人口内部的收入差距进行分位数分解，全面考察群体间工资差距的影响因素和形成机制。

第六章，流动人口教育收益率及组群差异实证分析。使用2017年CMDS数据，基于Mincer收入方程，运用OLS回归、工具变量法（IV）、工具变量分位数回归方法实证分析流动人口的教育收益率，并从户籍、代际以及收入层级3个维度考察教育收益率的异质性，并进一步分析教育对流动人口内部收入分化的影响。

第七章，健康人力资本对乡城流动人口的收入效应分析。在人力资本理论框架下，以Mincer收入方程作为模型基础，首先使用工具变量两阶段最小二乘法，测度在纠正了内生性偏误后乡城流动人口健康人力资本的收入回报，着重考察健康资本对收入的影响机制，并与本地户籍人口的健康收入效应进行对比，从而认识和把握乡城流动人口工资决定机制的特殊性。考虑到乡城流动人口收入分化的趋势，不同收入水平乡城流动人口的健康状况对收入的影响程度存在差异，因此，笔者使用工具变量分位数回归估计模型，进一步从收入差距的角度检验健康对乡城流动人口不同收入分布影响的异质性。

第八章，社会保障权益获得的户籍差异分析。以城镇职工医疗保险参与的户籍差异作为切入点，基于乡城流动人口和城镇本地职工的城镇职工医疗保险获得方程的估计结果，采用Fairlie非线性分解对城镇职工医疗保险参与的户籍差异进行分解，探讨在户籍工资差距趋同的背景下，乡城流动人口的城镇医疗保险权益获取的户籍歧视。

第九章，社会保障权益对工资的影响分析。从户籍差异视角考察城镇本地职工和乡城流动人口的城镇职工医疗保险参与对工资的影响，来检验参保对不同类型劳动力转嫁能力的差异，根据我国社会保障制度特点和劳动力市场现状，进一步分析社会保险缴费成本未转嫁给乡城流动人口的原因，为相关研究提供新的微观证据。

第十章，研究结论与政策建议。结合本书的研究结论，基于"识别问题、诊断原因、优化路径设计"的研究思路，以影响流动人口收入差距的关键因素为依据，从就业服务政策和社会保护政策两方面设计促进劳动力市场的自由流动、公平的收入分配机制的政策措施。

基于以上分析，得出以下研究结论。

一是流动人口与城镇本地职工的平均收入趋同，流动人口内部不同群体间的收入差距依然明显。基于户籍差异，本书对乡城流动人口和城镇本地职工的工资差距、流动人口内部的乡城流动人口和城城流动人口的工资差距进行了分解。这两类群体的工资差距随着收入分位数的上升逐步下降,两个群体的工资差距主要集中在收入分布的末端,呈现鲜明的"黏地板效应"特征。按户籍考察流动人口内部工资差距的变动趋势,乡城流动人口和城城流动人口的平均工资差距逐渐缩小,具体到各收入层级的工资差距呈现逐渐缩小甚至消失的趋势。虽然户籍间工资差距变小,但是户籍内部的工资差距仍然存在明显差异,城城流动人口内部、乡城流动人口内部的工资差距均呈现逐步扩大的趋势。

二是以人力资本为主的禀赋效应是影响流动人口户籍收入差距的主要因素。本书分别对乡城流动人口和城镇本地职工的工资差距、流动人口内部的乡城流动人口和城城流动人口的工资差距进行了分解,观察禀赋效应和结构效应的贡献率。结果发现,个人禀赋是两者工资差距的主要来源,随着收入层级的提高,个人禀赋在收入差距中的作用越大,表征户籍歧视的结构效应对工资差距的影响不显著。禀赋效应中,以教育和经验为核心的人力资本是影响乡城流动人口和城镇本地职工收入差距的重要因素,但是影响方向存在差异,受教育年限扩大了收入差距,而工作经验则起到了缩小收入差距的作用。

三是教育收益率具有群体偏向性,加速了流动人口内部的收入分化。不同群体的教育收益率结果表明,教育对各类型流动人口的收入具有显著的提升作用,在作用幅度上,城市户籍和新生代、高收入群体占优,教育收益率的群体偏向性,加速了流动人口内部的收入分化。这说明随着劳动力市场的市场化程度的推进,教育作为人力资本的主要形式,已成为影响流动人口收入和收入差距的重要因素。

四是乡城流动人口的收入过度依赖健康资本。我国乡城流动人口健康资本对收入的影响效应及作用机制及其在收入水平上的分布差异。健康资本与乡城流动人口月收入呈显著的正向关系，乡城流动人口的收入增长更多建立在过度依赖健康资本基础上，从长远来看不利于乡城流动人口获得的可持续收入；在健康资本对收入的作用机制上，与本地户籍人口对比，乡城流动人口健康资本对收入的作用机制存在差异，健康资本对乡城流动人口收入提升仅具有工具性价值即依赖于工作时间的增加，而非内在价值即劳动效率的提高，而本地户籍人口健康资本的收入效应来自工作时间增加和劳动效率提升两个方面；健康资本的边际效应在收入水平上呈"倒U形"分布。

五是户籍歧视仍是影响社会保障权益获得差异的主要因素。对城镇职工医疗保险权益获得进行非线性分解，结果表明，流动人口和本地职工参保率的差异主要由禀赋效应决定，受教育程度、单位性质、劳动合同是影响流动人口和城镇本地职工参保差异的主要因素。受教育程度体现了对高人力资本群体的偏向性，单位性质、签订劳动合同则体现了就业特征对流动人口参保的影响。同时，户籍歧视仍然是乡城流动人口参与城镇职工医疗保险的主要障碍。

六是企业社会保险缴费成本的转嫁能力在城镇本地职工和乡城流动人口中存在差异。城镇职工医疗保险参与对工资影响的实证结果表明，相对于未参保的劳动者，参保显著提高了乡城流动人口的工资水平，而这一结论对城镇本地职工不成立。进一步基于我国的劳动力市场供求状况和乡城流动人口参保的制度环境分析发现，未发生缴费转嫁的原因主要是乡城流动人口的劳动力供给短缺、对城镇职工社会保险的福利评价较低。上述研究结论反映了在我国社会保险制度和劳动力市场供求背景下，企业的社会保险缴费成本转嫁能力在城镇本地职工和乡城流动人口中的差异。

以上研究结果揭示了经济快速发展和劳动力市场政策变迁的背

景下，流动人口收入的新特点和收入差距的新趋势。由此，本书提出以下几点建议：(1) 提高乡城流动人口及其子女的人力资本水平，提升流动人口整体素质；(2) 完善流动人口社会保障制度，维护流动人口的社会保障权益；(3) 完善公共就业服务体系，提高流动人口的就业能力。

本书的创新之处主要有以下三点。一是研究视角创新，从城市劳动力子市场研究到城市劳动力市场整体研究转变。本书关注了城市劳动力市场中本地城镇职工、城城流动人口、乡城流动人口三个群体的收入决定机制和收入差距，使用工资分解模型分析流动人口和城镇本地职工、流动人口内部的收入差距的成因，并进一步厘清不同群体间收入差距的经济特征和非经济特征的影响和贡献率。一方面推动该领域的研究从单一流动群体子市场向整个城市劳动力市场的层次转变，另一方面更新了当前城市劳动力市场化程度的实证结果。二是学术观点创新，将流动人口的社会保障权益作为延期收入，纳入流动人口收入决定机制研究，拓展流动人口收入研究的新视点。本部分采用微观数据首先分析社会保障权益获得的户籍差异及其形成机制，并进一步分析社会保障权益对工资收入的影响，开拓了流动人口收入差距的研究视野。三是研究思路创新，机制层面与实践层面的有机结合。本书首先从机制层面建构收入差距形成机制模型，分析收入差距形成的主要影响因素和贡献程度，再从实践层面提出流动人口收入差距的改善路径，这一研究思路使得研究成果同时具备了理论意义与实践意义，有利于提升研究结果的普适性和推广性。

本书是 2019 年国家社会科学基金项目《中国流动人口收入差距的形成与改善》(项目编号：19BSH046) 的最终研究成果，并得到河北省城乡融合发展协同创新中心的资助。

本书作者桂莉承担了书稿框架设计、写作、定稿工作，撰写了

第一章、第五章、第六章、第七章、第八章、第九章。王兴鹏对数据清洗和数据处理的方法和工具进行了指导，曾虹瑞、王曦、赵雯洺撰写了第二章，南嘉琦撰写了第三章，周静涵撰写了第四章。

  本书虽然经过数次修改和校正，但由于水平和时间的限制，仍存在诸多不足之处，敬请读者批评指正！

目　录

第一章　绪论 / 1
　　第一节　研究背景和意义 / 1
　　第二节　文献综述 / 3
　　第三节　研究内容和研究方法 / 10
　　第四节　研究创新与不足 / 14

第二章　概念与理论基础 / 16
　　第一节　概念界定 / 16
　　第二节　理论基础 / 18

第三章　改革开放以来的人口流动政策和户籍制度变迁 / 69
　　第一节　改革开放以来的人口流动政策变迁 / 69
　　第二节　改革开放以来的户籍制度变迁 / 74

第四章　中国流动人口收入分布特征与差异 / 82
　　第一节　流动人口的基本特征及趋势 / 82
　　第二节　流动人口的收入分布状况和特征差异 / 86
　　第三节　流动人口的受教育水平分布 / 91

第五章　流动人口的工资差异分解及影响因素分析 / 96
　　第一节　理论模型 / 96

第二节　数据来源与变量说明 / 98

　　第三节　乡城流动人口与城镇本地职工的工资差异 FFL 分解 / 102

　　第四节　流动人口内部的工资差异分解及影响因素分析 / 106

　　第五节　本章小结 / 117

第六章　流动人口教育收益率及组群差异实证分析 / 119

　　第一节　文献综述 / 120

　　第二节　理论模型、数据来源与变量说明 / 123

　　第三节　流动人口教育收益率实证分析 / 128

　　第四节　本章小结 / 137

第七章　健康人力资本对乡城流动人口的收入效应分析 / 140

　　第一节　文献综述 / 141

　　第二节　理论模型 / 144

　　第三节　实证分析与结果 / 154

　　第四节　本章小结 / 165

第八章　社会保障权益获得的户籍差异分析 / 167

　　第一节　文献综述 / 168

　　第二节　理论模型 / 170

　　第三节　数据来源与变量说明 / 172

　　第四节　乡城流动人口与城镇本地职工的参保估计与差异分解 / 174

　　第五节　本章小结 / 178

第九章　社会保障权益对工资的影响分析
　　　　　——以城镇职工医疗保险为例 / 180

　　第一节　理论分析与文献综述 / 180

　　第二节　理论模型 / 183

第三节 数据来源与变量说明 / 184
第四节 城镇职工医疗保险参与对工资的影响分析 / 187
第五节 进一步分析——社会保险缴费为什么没有转嫁给农民工？/ 192
第六节 本章小结 / 194

第十章 研究结论与政策建议 / 196
第一节 研究结论 / 196
第二节 政策建议 / 199

参考文献 / 204

第一章 绪 论

第一节 研究背景和意义

一 研究背景

我国第七次全国人口普查数据显示,我国总人口在2020年达到了14.1亿人,其中,流动人口3.76亿人,约占总人口的27%,与2010年相比,流动人口增长将近70%[①],成为我国劳动力市场中的重要力量,在工业化进程中为推动我国经济社会的发展发挥了重要作用。World Bank 的估算结果发现,劳动力的部门转移对中国经济增长的贡献率高达16%,国务院发展研究中心课题组的研究也指出,人口流动带来的市民化每年多1000万人口能够让经济增长的速度提高约1%。

随着流动人口在劳动力市场中越来越活跃,流动人口内部结构也逐渐多元化,流动人口由最初农村剩余劳动力为主的群体转变为流动目的、流动方向、流动时间、受教育程度、就业构成等方面各异的复杂群体,流动人口的收入也因此呈现更为复杂化和多样化的特点[②],

---

① 《第七次全国人口普查公报》,国家统计局网站,http://www.stats.gov.cn/sjltjgb/rkpcgb/qgrkpcgb/202302/t20230206_1902007.html。
② 杨菊华:《城乡分割、经济发展与乡—城流动人口的收入融入研究》,《人口学刊》2011年第5期。

流动人口的收入受以下两方面的影响，一方面在市场机制作用下，人力资本为核心的经济特征导致劳动生产率差异造成的工资差距；另一方面则受制度因素的影响，主要表现为以户籍为基础制度的非经济特征导致城乡户籍劳动者的工资差距，由户籍制度造成的城乡户籍劳动者工资差距主要表现为城乡户籍劳动者由于工作进入机会的歧视以及同工不同酬造成的工资歧视性差异。这两个因素随着市场机制的健全和户籍制度的调整，对收入的影响效应也发生着明显的变化，因此，流动人口的收入决定机制和收入差距的变迁是我国劳动力市场转型和发育过程的缩影。同时，流动人口作为劳动力市场的重要组成部分，其收入水平变化深刻影响着我国居民收入分配格局[1]。

本书的研究正是基于以上背景提出，深入考察流动人口经济特征和非经济特征的回报情况，重新评估流动人口收入的市场效应和制度效应，全面认识工资差距产生的原因，对于认识和把握城市劳动力市场的市场化程度，优化我国的收入分配格局具有重要意义。

二　研究意义

（一）理论意义

构建流动人口收入决定机制模型，完善我国流动人口收入研究的内涵与理论。该模型以实证研究的结果为基础，内容涵盖影响流动人口收入的经济特征和非经济特征，各因素的回报率和变迁趋势。对于全面认识我国当前城市劳动力市场的收入决定机制的市场化程度具有重要的学术价值。

构建社会保障权益工资理论模型，拓展流动人口收入研究的新视点。将流动人口的社会保障权益作为延期收入，纳入收入的研究

---

[1] 唐聪聪：《不断缩小流动人口收入差距》，《宏观经济管理》2022年第11期。

对象，采用微观数据实证分析社会保障权益获得的户籍差异，并进一步分析社会保障权益对收入以及收入差距的影响，开拓收入差距研究的新视角。

以实证分析推动理论研究再上新台阶。通过实证检验不同因素对流动人口收入差距的贡献程度，进一步明确收入差距的形成机制，有助于全面认识流动人口收入差距变化对我国居民收入分配格局的影响。

（二）现实意义

推动劳动力市场工资决定机制由政府向市场化转变，完善收入分配的机制建设。流动人口收入决定因素具有综合性与复杂性的特点，本书通过建立流动人口收入机制模型，探究流动人口收入的主要影响因素，发现劳动力市场中的不合理的制度性因素，推动政府制定正确的劳动力市场改革的方向和目标，构建公平合理的收入分配制度。

第二节 文献综述

一 流动人口收入差异研究

全面考察流动人口收入差距的影响因素和形成机制需要从以下两个方面入手，一是流动人口与本地户籍人口的收入差距，二是流动人口内部的收入差距。

（一）流动人口与城镇本地职工的收入差异研究

国外学界关于流动人口与城镇本地职工的收入差异研究持有两种观点。一种观点是收入分化论，另一种观点是收入趋同论。收入分化论认为，相对于本地居民，移民身份导致的收入歧视会对其一生的收入水平产生持续影响[1]。针对德国移民的一项研究表明：德国

---

[1] Constant A., Massey D. S., "Labor Market Segmentation and the Earnings of German Guestworkers", *Population Research and Policy Review*, Vol. 24, No. 5, 2005, pp. 489–512.

移民的职业获取会受到严重歧视，而且随着时间的推移，移民和本地居民的收入差距会逐渐扩大，并且延续到子女身上[1]。收入趋同论则认为，移民与本地居民的收入随着迁移时间具有收敛的趋势。新移民的收入显著低于本地劳动力，但随着时间的推移，收入差异在统计上无明显差异。而且，在控制其他因素后，移民的收入甚至超过本地人[2]。

流动人口是改革开放以后逐渐形成的一个新社会群体，其规模在2000年后快速增长。由于改革开放之初最先流入城市的是农民工，流动人口的收入研究大多围绕农民工展开，因此，我国流动人口与户籍人口收入差异分析主要以户籍制度为基点展开。户籍歧视是阻碍劳动力市场"帕累托效率"的主要因素[3]。较早的研究主要关注农民工的低工资和低福利待遇等问题。劳动力市场化程度低，户籍是影响流动人口收入差距的主要因素，流动人口与本地户籍人口存在收入差距是不争的事实。农民工的平均月工资只相当于城镇职工的76.3%[4]；另一方面，随着流动时间的推移，流动人口在城市中就业和居住的稳定性增强[5]，外地劳动力工资水平出现快速增长的趋势，甚至高于本地劳动力[6]，例如，陈昊等[7]用中国综合社会调查（CGSS）数据发现，当其他条件相同时，外地户籍将带来59%的收

---

[1] Hum, Derek and Wayne Simpson, "Economic Integration of Immigrants to Canada: A Short Survey", *Canadian Journal of Urban Research*, Vol. 13, No. 1, 2004, pp. 46–61.

[2] Chiswick, Barry R., "The Effect of Americanization on the Earnings of Foreign-Born Men", *Journal of Political Economy*, Vol. 86, No. 5, 1978, pp. 897–921.

[3] 郭震：《收入差距扩大的成因：来自农村家庭户收入的解释》，《经济经纬》2013年第6期。

[4] 李培林、李炜：《农民工在中国转型中的经济地位和社会态度》，《社会学研究》2007年第3期。

[5] 朱宇、林李月、柯文前：《国内人口迁移流动的演变趋势：国际经验及其对中国的启示》，《人口研究》2016年第5期。

[6] 邢春冰、罗楚亮：《农民工与城镇职工的收入差距——基于半参数方法的分析》，《数量经济技术经济研究》2009年第10期。

[7] 陈昊、赵春明、杨立强：《户籍所在地"反向歧视之谜"：基于收入补偿的一个解释》，《世界经济》2017年第5期。

入溢价。Kuhn&Shen[1]则发现，在雇员的教育和技能水平相同的条件下，雇主更偏好没有本地户籍的雇员。说明二者的经济地位已开始出现融合和反超趋势，这与很多研究强调的劳动力市场对外地劳动力存在歧视形成了鲜明对比。

从目前的法律及政策来说，农业户籍本身已经不再具备直接阻碍农村劳动力在城乡之间流动及就业的效力，但由于城乡二元户籍制度及城乡二元结构的长期存在，不仅衍生出城乡居民在制度层面显性的公共资源、社会福利、就业机会和经济收入的显著差别，还造成了这两个群体在社会文化和心理层面的隔阂和陌生。从目前的研究来看[2]，流动人口和当地劳动力的收入差距是继续分化还是逐渐收敛仍然存在争论，而且，社会保障作为劳动的延期收入部分，流动人口的社会保障权益没有纳入收入分析模型，可能低估了收入差距的制度影响。相关研究发现，社会保障获得在很大程度上源于两个群体的户籍状态[3]。随着劳动力市场的发育，一些研究结果显示流动人口已不再受工资待遇歧视。流动人口与本地居民的收入差距更多地由要素禀赋尤其是教育、工作技能等获得性因素决定，这一变化趋势是就业歧视的影响弱化导致的[4]。

（二）流动人口内部的收入差距分析

早期流动人口多以大规模的乡城劳动力转移为研究对象，较少地讨论其内部的结构性差异及其影响。目前我国流动人口内部差异性逐渐凸显，主要表现为城城流动增多、文化素质水平明显提升、

---

[1] Kuhn P., Shen K., "Do Employers Prefer Migrant Workers? Evidence from a Chinese Job Board", *IZA Journal of Labor Economics*, Vol. 4, No. 22, 2015, pp. 1-31.
[2] 陈杰、郭晓欣、钟世虎：《城市外来劳动力市场上的农业户籍歧视：时空变化特征及影响因素》，《学术月刊》2022年第7期。
[3] 郭菲、张展新：《农民工新政下的流动人口社会保险：来自中国四大城市的证据》，《人口研究》2013年第3期。
[4] 孟凡强、邓保国：《劳动力市场户籍歧视与城乡工资差异——基于分位数回归与分解的分析》，《中国农村经济》2014年第6期。

从事职业呈现出"去体力化"的特征①。《2020年农民工监测调查报告》显示,在外出农民工中,具有大专及以上学历的占比为16.5%,这一比例较2011年提高了9.5个百分点,反映出随着时间的推移,高人力资本者的流迁行为越来越活跃。尤其是新生代高学历流动者在城市发展中的作用越发重要,这为流动人口内部收入差距及其影响因素研究提供了重要的现实背景。

目前研究大多基于流动人口的异质性对流动人口内部工资收入差距进行研究,分区域看,东部、中部、西部和东北四大区域流动人口的整体收入水平均有增长,但增长的幅度有较大差异,区域之间的收入水平仍在不断分化②。分城乡看,流动人口的城乡收入差距仍在扩大。城城流动人口月均收入水平由2013年的3508元上升至2018年的5617元,增长60.1%,而乡城流动人口月均收入水平由2013年的3001元上升至2018年的4395元,只增长46.5%,低于非农业户口性质的13.6个百分点,2013—2018年,流动人口内部的收入不平等程度略有增加③。基于代际的视角,新生代农民工在收入水平、收入分布层次等方面均低于第一代农民工④。流动人口收入差距的扩大是个体差异、区域不平衡和政策体制等因素共同作用的结果。主要影响因素包括个人禀赋、工作特征、流动特征等方面。教育水平是决定流动人口收入的最重要因素,但是在实践中因人而异、因地而异⑤,在

---

① 马志飞等:《中国城城流动人口的空间分布、流动规律及其形成机制》,《地理研究》2019年第4期。

② 张刚、姜玉:《流动人口收入水平的地区差异与影响因素研究》,《西北人口》2017年第5期。

③ 唐聪聪:《不断缩小流动人口收入差距》,《宏观经济管理》2022年第11期。

④ 钱雪飞:《进城农民工收入的实证分析——基于南京市578名农民工的调查》,《南通师范学院学报》(哲学社会科学版)2004年第1期。

⑤ 罗俊峰、童玉芬:《流动人口就业者工资性别差异及影响因素研究——基于2012年流动人口动态监测数据的经验分析》,《经济经纬》2015年第1期。

流入地的居住时间与收入显著正相关[1]，户籍对流动人口收入影响的根源是本地与外地的差距[2]。

二 流动人口收入差异形成机制研究

在中国劳动力市场上持续存在的劳动者之间的工资差距，主要原因可以归为两个原因。第一个原因是劳动力市场歧视因素所致，主要是户籍身份的歧视。户籍歧视的结果分两类：一是劳动力市场中本地人口与外地人口的差别待遇；二是流动人口中农业户籍与非农业户籍的收入差距[3]。第二个原因是人力资本差异所致，反映教育水平和技能的差异。人力资本回报提高，由此产生的工资差距愈加显著，在工资差距中的作用趋于扩大。许多研究显示，随着劳动力市场发育，户籍歧视因素趋于减少，在工资差距中的影响份额降低。同时，流动人口的教育结构、职业结构均发生明显转型，其收入水平在提升的同时也受到多种要素的影响，但受教育水平一直是影响收入水平的重要因素[4]。

户籍歧视主要从劳动力市场分割角度就造成城乡户籍劳动者工资差距的成因分析，认为收入差距产生一个重要原因是对农民工的户籍歧视以及由此导致的农民工在行业进入或职业选择上的壁垒[5]。由于分解方法和数据来源不同，结论迥异。王美艳用 Oaxaca 分解得出结论，户籍歧视解释了 76% 的城乡户籍劳动者工资差距[6]。邢春冰

---

[1] Gregory, Paul R., "Fertility and Labor Force Participation in the Soviet Union and Eastern Europe", *Review of Economics and Satistics*, Vol. 64, No. 1, 1982, pp. 18-31.
[2] 陈传波、阎竣：《户籍歧视还是人力资本差异？——对城城与乡城流动人口收入差距的布朗分解》，《华中农业大学学报》（社会科学版）2015 年第 5 期。
[3] 孙婧芳：《城市劳动力市场中户籍歧视的变化：农民工的就业与工资》，《经济研究》2017 年第 8 期。
[4] 李实、吴彬彬：《中国外出农民工经济状况研究》，《社会科学战线》2020 年第 5 期。
[5] 章莉等：《中国劳动力市场上工资收入的户籍歧视》，《管理世界》2014 年第 11 期。
[6] 王美艳：《转轨时期的工资差异：歧视的计量分析》，《数量经济技术经济研究》2003 年第 5 期。

使用全国人口普查数据发现，户籍歧视仅造成城乡户籍劳动者工资差距的10%[①]。郭继强等则分别采用不同数据并综合多种分解方法，发现户籍歧视解释了70%左右的城乡户籍劳动者工资差距[②]。谢嗣胜和姚先国采用Oaxaca-Blinder及Cotton分解，发现户籍歧视中同工不同酬解释55.2%的城乡户籍劳动者工资差距[③]。章莉、吴彬彬[④]利用2002年和2013年的CHIP数据同样发现，农民工面临的收入户籍歧视程度整体上降低，从受歧视转为受优待。

人力资本能够得到市场回报决定了人力资本不平等是收入差距的直接来源。同时，如果人力资本回报在不同的人群中是不同的，则人力资本回报的差异将会加大人力资本的收入分配效应，从而起到加剧收入分配不均等的作用。人力资本主要包括了教育水平、工作能力、个体健康等要素，其中教育水平与个人收入之间关系受到研究者的广泛关注。人力资本对收入差距的影响其实质在于验证教育回报率在异质性收入人群中有所不同。在教育—收入的基础上，学者们进一步将教育回报率与收入差距相联系，完成了教育—收入—收入差距的拓展。如果教育回报率存在收入分层差异，即高收入群体教育回报率高于低收入群体，则表明教育会扩大收入差距，反之则反是。在流动人口研究方面，谭江蓉通过对全国流动人口数据的分析发现教育回报率的收入分层差异体现为"W"形，最高收入组的教育回报高于最低收入组，教育会扩大收入差距[⑤]。方超和黄斌虽然采用CHIP2013的数据得出了与谭江蓉"W"形相类似的教育

[①] 邢春冰：《农民工与城镇职工的收入差距》，《管理世界》2008年第5期。
[②] 郭继强、陆利丽：《工资差异均值分解的一种新改进》，《经济学》（季刊）2009年第4期。
[③] 谢嗣胜、姚先国：《农民工工资歧视的计量分析》，《中国农村经济》2006年第4期。
[④] 章莉、吴彬彬：《就业户籍歧视的变化及其对收入差距的影响：2002—2013年》，《劳动经济研究》2019年第3期。
[⑤] 谭江蓉：《乡城流动人口的收入分层与人力资本回报》，《农业经济问题》2016年第2期。

回报趋势，但是最高收入组的教育回报低于最低收入组，表明教育会缩小收入差距[1]。郑猛基于云南省流动人口数据的研究结论与谭江蓉相同，表明教育扩展会扩大收入差距，但教育回报的收入分层差异体现为"U"形[2]。杨娟和赵心慧从教育的价格效应和结构效应入手，也得出了教育扩展会扩大流动人口收入差距的结论[3]。于潇等认为教育会扩大流动人口总体收入差距，城城流动人口教育回报率的收入分层呈现阶段性变化，教育对城城流动人口中高收入群体的增收作用大于中低收入群体，在乡城流动人口中则呈现相反的结果，教育回报率在低收入群体中更高，排除最高收入组，教育可以缩小乡城流动人口群体的组内收入差距[4]。

三　工资差距的理论模型

当前学界运用较广泛的理论模型有两个：Mincer 收入方程理论模型和 Oaxaca-Blinder 分解模型。Mincer 收入方程理论模型从收入决定的角度建立模型来测度劳动力市场中各要素的收入回报率，是微观经济学中实证研究收入决定机制的主要工具。在流动人口研究中，除了以 Mincer 经典收入计量模型为基础来考察流动人口的收入决定机制，还利用收入差异模型判断劳动力市场是否存在分割及分割的具体模式。工资差距分解方法大体上可以分为均值分解和分布分解两大类。均值分解方法在经典的奥索卡-布兰德（Oaxaca-Blinder）分解基础上，演化出卡特（Cotton）分解、纽马克（Neumark）分解和布朗（Brown）分解等多种分解方法。Oaxaca-Blinder 分解模型将组群之间收入均值差异分解为由个体特征差异造成的可解释部分和

---

[1] 方超、黄斌：《城乡一体化进程中我国流动人口的教育回报与工资收入差距的分解》，《教育科学》2017 年第 6 期。
[2] 郑猛：《教育扩张下流动人口教育收益率与收入差距》，《教育与经济》2017 年第 5 期。
[3] 杨娟、赵心慧：《教育对不同户籍流动人口收入差距的影响》，《北京工商大学学报》（社会科学版）2018 年第 5 期。
[4] 于潇、陈世坤：《教育会扩大流动人口收入差距吗？》，《教育与经济》2019 年第 5 期。

由特征回报差异带来的不可解释部分,并把不可解释部分归因于歧视,因而,收入差异的均值分解方法常用于测度歧视的大小程度[1]。

为了更全面深入地分析工资差距,工资差距分解的方法已经从均值分解转向分布分解。分布分解方法主要包括基于分位数回归的分解、基于半参数模型的分解以及基于再集中影响函数回归的分解[2]。在工资差距分解研究中,除了通过分位回归建立分布分解方法,还有一类方法是以 Dinardo 等为代表的再加权方法,该方法虽然计算方便,但是在计算工资边际分布时,不涉及对工资方程的估计,从而无法比较不同组之间各解释变量的影响程度[3]。Firpo 等提出无条件分位数回归估计,并利用无条件分位数回归构建各组工资的边际分布及反事实分布,[4] 该方法的主要思想是借助再中心化影响函数实现对无条件分位数偏效应的估计。

第三节 研究内容和研究方法

一 研究内容

(一)研究对象

本研究的对象:流入地居住一个月以上的流动就业人口及其就业和收入状况。

研究对象的主要筛选标准:(1)非本区(县、市)户口;(2)流

---

[1] Oaxaca, Ronald L., "Male-Female Wage Differentials in Urban Labor Markets", *International Economic Review*, Vol. 14, No. 3, 1973, pp. 693–709.

[2] 郭继强、姜俪、陆利丽:《工资差异分解方法述评》,《经济学》(季刊) 2011 年第 2 期。

[3] Dinardo J., Fortin N. M., Lemieux T., "Labor Market Institutions and the Distribution of Wages 1973–1992: A Semiparametric Approach", *Econometrica*, Vol. 64, No. 5, 1996, pp. 1001–1044.

[4] Firpo S., Fortin N. M., Lemieux T., "Unconditional Quantile Regressions", *Econometrica*, Vol. 77, No. 3, 2009, pp. 953–973.

入地居住满一个月；(3) 15—64 周岁的务工经商人员。

本书使用的数据主要是国家卫生健康委自 2009 年起开始的全国性流动人口调研数据——中国流动人口动态监测调查数据（China Migrants Dynamic Survey，简称 CMDS），抽样人群除了流动人口，还包括本地户籍人口的就业和收入相关数据进行对比分析。

（二）总体框架

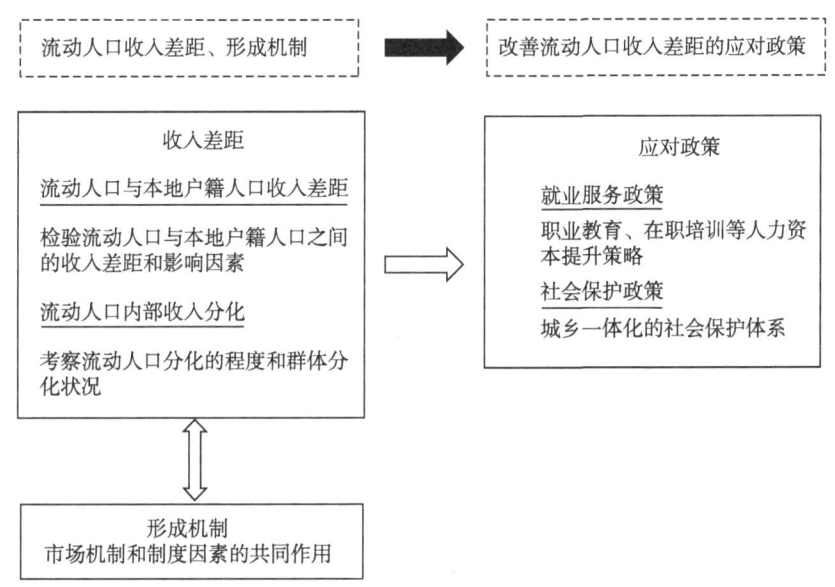

图 1-1 本书整体框架

二 主要内容

（一）流动人口与本地户籍人口收入差异比较分析

使用国家卫生健康委的 CMDS 历年微观调查数据，采用 FFL 分解方法，从影响收入的经济特征和非经济特征两方面因素，对流动人口和本地户籍人口两个群体的工资收入的不同分位数进行分解，全面考察两者在不同收入水平的工资差距及其形成机制。

基于以上研究，形成城市劳动力市场中两个子市场的收入差异分解模型，通过微观数据检验外地户籍与本地户籍之间歧视的收入效应和形成机制。

（二）流动人口内部收入分化的影响因素和形成机制实证分析

在第一部分的基础上，建立收入模型，加入影响流动人口收入的个人特征、流动特征等因素，考察影响流动人口内部收入差异的因素，并进一步按照收入水平进行分位数回归，找出流动人口内部收入分化的原因以及分化的形成机制。

流动人口内部分化研究主要目的在于发现流动人口分化形成的主要因素和形成机制，从而对低收入流动人口进行政策干预，防止出现贫困的城市转移问题。

（三）完善流动人口收入分配的政策干预研究

基于前两个子课题建构的理论模型，按照"识别问题→诊断原因→优化路径设计（就业服务政策+社会保护政策）"的研究思路，分别从流动人口与户籍人口收入差异、流动人口内部收入差异的关键影响因素进行提取和分析。以此为基础，从就业服务政策和社会保护政策两方面设计促进劳动力市场的自由流动、公平的收入分配机制的政策措施。

就业服务政策以收入差异形成机制的分解模型为依据，完善和建立提升流动人口的就业能力的就业促进政策，主要包括职业教育、在职培训等人力资本提升策略。

社会保护政策尝试以影响流动人口收入的非经济特征因素为依据，从户籍制度以及附着其上的社会保护政策出发，建立与户籍剥离的城乡一体化的社会保护体系。

三　研究方法

本书以劳动力流动理论、人力资本理论以及劳动力市场分割理论为基础，研究流动人口的收入差距问题，并讨论收入差距的成因及优化路径。这一研究处于人口学、经济学的交叉领域，使用了定性分析与定量分析相结合的方法，综合运用描述性分析、统计推断以及多种计量经济学模型进行理论分析与经验分析。研究方法总结如下：

（一）文献分析法

首先，本书查阅了大量有关流动人口收入、收入差距相关文献，在梳理文献脉络的基础上，掌握相关文献中涉及的基础理论以及最新研究进展。其次，对文献和著作中的基础理论进行整理、归纳和评述为后文的统计推断以及计量模型的结果分析提供坚实的理论基础。

（二）统计分析法

为掌握基本变量的分布特征、规律以及离散集聚趋势需要借助描述性统计分析方法对数据进行整理、概括、总结并加以展示。文中在介绍流动人口教育人力资本、就业收入以及计量经济模型中采用的各种变量时多次使用该方法。

（三）计量经济学分析法

计量经济学以经济学理论为基础，结合数据资料，运用统计推断方法对变量之间的关系予以解释。本书运用各种计量分析方法进行实证分析。运用 Mincer 工资方程模型对工资收入的影响因素、教育收益率测定进行回归分析；在工资差距分解的实证分析中，在无条件分位数回归的基础上，对工资收入的不同分位数进行使用 FFL 分解，全面考察工资差异中的禀赋效应和结构效应（不合理的部分）。采用二元 Logit 模型考察社会保障权益获得的影响因素；采用 Fairlie 非线性分解对城镇职工医疗保险参与的户籍差异进行分解，分析不同变量对社会保障权益户籍差异的贡献程度。

第四节 研究创新与不足

一 创新之处

（一）研究视角创新：从城市劳动力子市场研究到城市劳动力市场整体研究转变

本书通过构建流动人口与户籍人口的收入差异分解模型和流动人口内部收入差异分解模型，探讨影响流动人口收入的经济特征和非经济特征，并进一步测算主要因素的贡献率。一方面能促使该领域的研究从单一流动群体子市场向整个城市劳动力市场的层次转变，另一方面更新了当前城市劳动力市场化程度的实证结果。

（二）学术观点创新：将社会保障权益纳入流动人口收入决定机制模型

构建社会保障权益工资理论模型，拓展流动人口收入研究的新视点。将流动人口的社会保障权益作为延期收入，将其纳入收入决定方程，采用微观数据首先分析社会保障权益获得的户籍差异及其形成机制，并进一步分析社会保障权益对收入以及收入差距的影响，开拓流动人口收入差异研究的研究视野。

（三）研究思路创新：机制层面与实践层面的有机结合

本书首先试图从机制层面建构收入差异形成机制模型，分析收入差距形成的主要影响因素，从实践层面提出流动人口收入差别的改善路径。这一研究思路使得科研成果同时具备了理论意义与实践意义，有利于提升研究结果的普适性和推广性。

二 研究不足

第一，出于数据限制，本书无法将各项社会保障权益折合到工资收入中。在CMDS数据中，仅提供了医疗保险参保数据，缺少养老保险、失业保险等数据，所以，本书也着重从医疗保险的视角进行社会保障权益的分析。但是，由于数据原因无法将社会保障各项参保数据测算纳入收入中进行比较，无法充分讨论社会保障缺失对收入差距的影响，有待后续相关数据开发后进行准确实证分析。

第二，第四章和第五章分别从工资差距和教育收益率两个角度进行分析，一方面分析工资差距中的禀赋效应和结构效应，第五章进一步分析不同群体的教育收益率差异，反映人力资本对收入的影响差异，对于教育收益率组群间产生差异的原因没有进一步进行分析，在今后的研究工作中会继续关注。

第二章 概念与理论基础

第一节 概念界定

一 流动人口

我国对流动人口的界定以及衍生出的流动人口问题与其他国家有根本的区别。在我国，对流动人口的界定，最主要的依据不在于是否流动，而在于是否具有当地户籍，由此而产生地附着在户籍之上的社会权益和公共服务[①]。因此，基于我国的背景有必要对流动人口的概念进行科学界定。

一般而言，学术界将出现户籍变更或者常住地变更一定时期以上（半年或一年）、跨越区（县）的人口移动现象称为人口迁移，而户籍变更或常住地变更不满一定时期（半年或一年）的跨区（县）的人口移动现象则为人口流动。因为人口流动与人口迁移的概念界定中涵盖空间与时间两种属性，因此两者可能出现交错情况，比如虽然户籍变更但是时间不满足半年或一年以上，所以，为方便起见，把伴随户籍地变更的人口移动称为人口迁移，把未伴随户籍变更的人口移动称为人口流动[②]。

[①] 关信平：《中国流动人口问题的实质及相关政策分析》，《国家行政学院学报》2014年第5期。

[②] 王桂新等：《迁移与发展——中国改革开放以来的实证》，科学出版社2005年版，第36页。

不同政府部门对流动人口和迁移人口的统计口径也存在差异。主要表现为对时间和空间两个维度的界定不同。比如公安部门对流动人口的定义是跨市、县流动3日以上的人口称为流动人口。国家卫生健康委员会（卫健委）则将流动人口界定为一个月及以上的跨县流动。统计部门在第七次人口普查中，流动人口的统计口径为人户分离人口中扣除市辖区内人户分离的人口，即省内流动和跨省流动的人口。其中，人户分离人口指居住地与户口登记地所在的乡镇街道不一致且离开户口登记地半年以上的人口。

本书使用国家卫生健康委员会提供的全国流动人口动态监测数据（CMDS）进行分析，因此，对流动人口的概念界定也采用调查数据的统计口径，即在流入地居住一个月以上，非本区（县、市）户籍的15周岁及以上的流入人口。

二 人力资本

经典理论中，人力资本是指通过人力投资形成的资本。它是体现在劳动者身上的，能为其带来永久收入的能力，在一定时期内，主要表现为劳动者所拥有的知识、技能、劳动熟练程度和健康状况。人力资本更强调劳动力资源中的质量维度，通过后天投资形成和积累的劳动能力，具有异质性的特点。人力资本投资的主要形式包括普通教育、职业技术培训、健康保健、劳动力的合理流动等。

基于数据可得性与可处理性，人力资本的衡量指标一般采用受教育程度（年限）、培训经历、工作经验等指标来表征，在近年的实证研究中教育类指标是最常用的人力资本的测度指标。OECD所采用的人力资本储备测量指标中，成人受教育程度、高级中等教育毕业率、高等教育毕业率、第三级教育完成率等指标都是国家层面人力资本的代理指标[1]。

---

[1] 孙继红、杨晓江、岳松：《OECD的人力资本观、测量指标及启示》，《辽宁教育研究》2008年第12期。

本书中根据研究需要和数据可得性，在人力资本对收入的影响分析中，使用明瑟收入方程进行实证分析，其中的人力资本指标主要选用受教育年限作为主要测度指标，同时，工作经验也作为人力资本的指标纳入方程作为控制标量。

第二节　理论基础

一　劳动力流动理论

（一）二元经济结构下的劳动力迁移理论

基于一个社会由农村和城市构成的二元结构，刘易斯（William Arthur Lewis）、费景汉（John C. H. Fei）和古斯塔夫·拉尼斯（Gustav Ranis）、戴尔·乔根森（Dale W. Jogenson）等发展经济学家利用二元经济理论来阐释农村劳动力是如何流向城市的。他们持有的观点是，农业和非农业部门生产率存在巨大差异的主要原因是二元社会结构的刚性。因此，农村劳动力在生产率的差异引发了工资的差异的作用下，为了获得更高的收入和更多的就业机会向城市迁移。

1. 刘易斯城乡迁移模型

1954年，英国经济学家阿瑟·刘易斯发表了关于经济发展的著名论文《劳动无限供给条件下的经济发展》，提出的"二元经济结构下劳动力无限供给模型"，并在随后出版的著作《经济增长理论》，将发展中国家经济划分为传统农业与现代工业两个部门。刘易斯认为，在发展中国家，其国民经济普遍由两个性质完全不同的部门或结构组成，一个是依赖传统的落后生产方式，为劳动者提供的收入只能满足最基本生活水平的农业部门，另一个则是代表先进生产力、工资和劳动生产率的城市工业部门。两部门间生产效率与工资水平差异将导致农村剩余劳动力只能由农业部门流向城市工业部门,直到农业部门中的剩余劳动力为零,劳动力流动才会停止,最终形成一个城乡一体化劳动力市场,此时农业部门与城市工业部门的工资水平相当,经济发展将结束二元经济的劳动力剩余状态,开始转化为新古典主义所说的一元经济状态。二元经济模型将以农业部门边际劳动生产效率为零作为前提条件,随着农村剩余劳动力不断迁移,农业部门劳动生产效率将不为零,并且部门间工资差异将不断缩小[①]。

刘易斯模型是建立在三个核心假设之上的:一是,农村劳动力的供给是无限的,并且在劳动力迁移完成之前,农业部门的边际产出为零,即农村存在大量对农业产出没有贡献的剩余劳动力;二是,由于农业无限供给的劳动力竞争导致城市的工资水平保持不变;三是,现代工业部门的生产要素将按照相同的比例增长,也就是说,增加相同比例的投资将吸收同等比例农村的剩余劳动力。

刘易斯模型首次从一个更广泛的宏观视角揭示了劳动力迁移的内在动力和过程,它把农村劳动力迁移与经济增长结合起来,强调了发展中国家两部门之间存在的结构差异,在理论上开创了研究劳动力迁移的二元经济方法,对分析现实问题产生了巨大影响。然而,刘易斯模型所依赖的三个前提假设是基于发达国家在经济起飞阶段的具体情况推导而来,但这些假设也有其局限性:首先,模型中关于发展中国家传统农业中存在大量剩余劳动力的前提假定并不一定符合实际情况;其次,模型假定工业部门不存在失业,只有农业部门存在剩余劳动和失业,也就是说,农业部门能够提供无限剩余劳动力供给,该假设与发展中国家的实际状况并非总是相符的;最后,模型中假定中性技术进步相对于现实情况来说过于严苛,实际生产中资本积累的扩张,并不一定能保证就业机会的同比例增加。

[①] William Arthur Lewis, "Economic Development with Unlimited Supplies of Labour", *The Manchester School of Economic and Social Studies*, Vol. 22, No. 2, 1954, pp. 139-156.

2. 费景汉—拉尼斯模型

经济学家古斯塔夫·拉尼斯和费景汉在1961年的论文《经济发展理论》中首次提出费景汉—拉尼斯模型，并在1964年的《劳动力剩余经济的发展》中进行了更全面和系统的解释。该模型认为在刘易斯二元结构模型对农业在促进工业增长中所起的作用没有引起足够重视，也没有注意到由于生产率的提高将使得农业出现剩余产品，因此在刘易斯模型的基础上，首次将农业部门的发展与之相结合，构成了包含工业部门和农业部门发展在内的二元经济结构下的劳动力流动模型，简称"刘易斯—费景汉—拉尼斯模型"。

费景汉与拉尼斯的观点是，提高农业生产效率和产生剩余产品是劳动力流动的前提条件，同时他们把劳动力的转移分为三个阶段：即无限供给、有限供给与竞争性供给。第一阶段为无限供给阶段：此时，农业部门存在大量显性失业者，农业部门的边际劳动生产率为零。即使剩余劳动力从农业部门流出，也不会减少农业生产总量，此时工业部门可以用不变工资吸收到几乎无限的农业剩余劳动力，当这些剩余劳动力进入工业部门，农业的剩余产品就会出现，为那些进入工业部门的劳动力提供所需。第二阶段为有限供给阶段：随着农业的剩余劳动力逐渐减少和农业部门劳动力与土地的比例发生变化，劳动的边际生产率逐步上升，达到了大于零的水平（其中零点被称为"粮食短缺点"），但此时仍然低于城市工业边际生产率。在这一阶段农业部门显性失业者消失，但由于隐性失业的存在，劳动力仍然流入工业部门，这导致农业部门的劳动力边际生产率上升。与此同时，农业劳动力的外流使得农业总产品供应减少，农产品价格上升，工业部门劳动力所需的工资增加，这规定了工业部门通过扩张吸收农村劳动力的规模和速度。第三阶段竞争性供给阶段：此阶段农业部门的隐蔽失业者已经全部转移，农业工资由市场力量来形成而不再是制度工资。在这一阶段农业部门剩余劳动力消失标志着农业完成了从传统农业升级为现代农业，农业部门和工业部门工资都由其边际生产力决定，经济结构由二元转向一元，进入商业化阶段，农业部门和工业部门之间的劳动力流动是完全由它们之间的边际生产力变化所决定的[1]。因此，费景汉和拉尼斯认为，农业部门的劳动力数量会随着生产率和工资的差异而增加，并逐步减少与工业部门之间的差距。

费景汉—拉尼斯模型完善和发展了刘易斯模型，提出农业生产率和农业剩余是决定经济发展的内生变量，同时考察了技术进步在农业与工业部门中的作用，使模型更具有说服力，但该模型也存在与刘易斯模型类似的缺陷，即假定工业部门的劳动力市场是不完全竞争的，未对发展中国家的城市失业状况以及工业领域中的有效需求不足方面的约束进行深入的考量和分析，因此，尽管该模型与发展中国家的实际状况较为吻合，但它并不能为发展中国家劳动力从农村流向城市的流动提供一个客观的解释。

3. 乔根森模型

由于刘易斯模型假设农村剩余劳动力可以无限向城市转移是不符合现实情况的，1967年，美国经济学家戴尔·乔根森在其发表的文章《过剩农业劳动力和两重经济发展》中基于新古典主义增长理论提出了一个新的二元经济结构模型。该模型中否定了刘易斯模型中关于农业部门的劳动边际生产率趋于零和农村部门存在过剩的劳动力的假定，同时认为农业部门和工业部门的工资水平并非固定不变，而是按照相同的比例上升的，因此二者之间的差异是恒定的[2]。

乔根森引入"农业剩余"的概念作为其模型的基础和核心，即

---

[1] Fei John, Ranis Gustav, "A Theory of Economic Development", *The American Economic Review*, Vol. 51, No. 4, 1961, pp. 533-565.

[2] Jorgenson Dale W., "Surplus Agricultural Labour and the Development of a Dual Economy", *Oxford Economic Papers*, Vol. 19, No. 2, 1967, pp. 288-312.

农业部门的产品在满足本部门人口生活所需之后的剩余部分为工业部门劳动力提供了必要的生活保障，因此工业部门的发展依赖农业部门的生产剩余。只有当农村剩余劳动力向城市迁移时，农业剩余才会出现，也就是说当农业剩余大于零时，农村剩余劳动力才会发生迁移。与此同时，该模型认为农业剩余大小将取决于农业部门产出增长率与人口增长率，只有经济系统中的农业部门的产出增长率大于人口增长率，农业部门增长产出在满足增长人口消耗外，还将有部分剩余，才会出现农业部门劳动力向工业部门转移现象。只要存在正的农业剩余，工业投资将不断增加，工业扩张与经济增长才会持续。在与工业扩张的同时将伴随着资本深化与技术进步，工业部门工资也将随之不断上升，与此同时农业部门工资也将按固定比例上升。

乔根森的劳动力迁移模型对发展中国家具有重要的指导意义，它从一个全新的角度来解释农村劳动力流动，同时提出发展中国家既要注重农业发展和技术创新，也要对市场机制和农村剩余劳动力转移给予足够重视，以免陷入"低收入陷阱"。然而，乔根森模型中的农业剩余产生和人口经济增长的内生变量论是相互矛盾的，与此同时，农业部门和工业部门工资增长取决于技术进步和资本积累缺乏根据，因此，无法充分解释农村劳动力的长时间迁移以及农村劳动力在城市失业的情况下迁移的原因[①]。

(二) 新古典框架下的劳动力迁移理论

自20世纪50年代中期刘易斯城乡迁移模型被提出后，西方大多数发展经济学家都认为农村劳动力的转移对经济发展起到了重要的推动作用。但是到了20世纪六七十年代，在发展中国家部分城市出现大量失业，但与此同时农村剩余劳动力源源不断流入城

---

① 高一兰、陆德明：《人力资本积累对海南农村劳动力转移的影响》，《当代经济》2010年第22期。

市，这是二元经济迁移理论无法解释的现象。而新古典理论认识到二元经济迁移理论存在的局限性，因此选择从微观经济主体的视角来扩展劳动力迁移理论。最经典的理论来自托达罗模型与哈里斯模型，它们以微观经济主体为分析单位，强调利益最大化对迁移决策及随之而发生的迁移行为的决定性作用，一般称之为新古典理论的方法。

1. 托达罗迁移模型

托达罗（Michael P. Todaro）针对发展中国家大量农村剩余劳动力流入高失业率城市的问题进行了深入研究，拓展了新的劳动力迁移的动态模型，即托达罗模型，同时提出"预期收入理论"，从个体微观决策视角对劳动力流动与收入差距进行了理论分析。

托达罗基于劳动力的理性经济人假设，提出了影响劳动力流动机制的几点假说：一是，农村劳动力是否选择迁移在于预期城乡收入差距而不是实际城乡收入差距。如果农村劳动力迁移预期收入净值大于0，那么农村劳动力将从农村迁移至城市，从而出现农村向城市流动人口逐渐增多；反之，将不会发生农村人口向城市迁移的现象，甚至会出现人口由城市向农村迁移的迁移倒流现象。二是，劳动力迁移主要是由相关利益和成本的合理经济考虑引起的，主要是财政和心理方面的因素。三是，农村的劳动力在城市找到工作的机会与城市的就业率是正向关联的，与城市的失业率则是反向关联的。四是，在预期城乡收入差距较大时，劳动迁移率可能会超过城市就业率。因此，城市高失业率会造成发展中国家城乡区域经济严重失衡。在托达罗的迁移模型研究中，决定农村迁移人口是否愿意迁移到城市的核心因素是城市和乡村之间的收入差距，以及他们在城市现代部门成功找到工作的可能性，这两个因素是相互影响和决定的。

托达罗迁移模型对传统劳动力流动模型进行了重大完善和修正，

该模型的提出具有很强的政策含义。用城乡预期收入差距解释农村劳动力迁移意味着发展中国家解决城市失业问题的根本出路在于缩小城乡收入差距，阻止农村劳动力迅猛迁移，而非城市工业的日益扩张。托达罗迁移模型成为发展中国家研究农村劳动力迁移问题的经典理论，对制定迁移政策具有重要的指导意义。但托达罗迁移模型只考虑了劳动力的迁移成本，而忽略了他们在城市中需要的生活成本，同时认为农村劳动力迁移决策具有"盲目性"，忽略了在不同的风险偏好下预期的不确定性和不完全问题，最后该模型对农业部门不存在失业的假设不符合现实情况。

2. 哈里斯模型

在早期的托达罗基础模型里，并没有涉及劳动力迁移动机在迁移过程中的动态变化，以及农业部门的劳动力在选择迁移还是留在当地就业之间的分配情况；只是简单地认为农业部门的劳动力只存在两种选择，集体向城市工业部门迁移或者集体留在农业部门，这并不符合实际情况。因此，哈里斯（Harris）采用托达罗模型作为基础，假设工业部门的工资水平是一个外部变量，以此来探究工资水平如何影响城市失业和农村劳动力的流动。他还从劳动力竞争的视角出发，解释了农村劳动力流动和城市失业这两个问题是如何共存的。哈里斯、托达罗1970年在其发表的论文《迁移、失业与发展：一个两部门分析》构建了发展经济学中的一个具有启发意义的模型："哈里斯—托达罗模型"。

哈里斯—托达罗模型指出，导致失业的主要因素是城市的较高工资水平。由于工业部门的工资率是外生变量，较高的工资水平会对工业部门的劳动力需求产生负面影响，因而产生失业，而由于受到较高工资水平的吸引，农村劳动力更有可能选择迁移到城市，这进一步加剧了城市劳动力市场的竞争压力的恶化，即使得劳动力迁移数量和失业率上升。之后，工资率水平在劳动力竞争的反作用下导致实际收入减少，进而劳动力市场逐渐向劳动力迁移数量减少和失业率降低的趋势转变，形成一个新的均衡状态①。哈里斯—托达罗沿用了托达罗模型的核心假设，农村劳动力会在较高的城乡收入差距下持续向城市迁移且迁移决策与工业部门的劳动力供需无关。同时，该模型通过将农村与城市部门分开，来研究迁移如何影响农村和城市的产出、收入和福利。因此，该模型认为，增加工业部门的经济规模是解决城市劳动力失业的关键途径。

哈里斯—托达罗模型的一个显著优势是，与哈里斯模型相比，它为失业和迁移并存的现象提供了更加全面和合理的解释。然而，该模型也存在一些缺陷，一方面由于就业市场竞争的普遍存在，其假设城市非农就业工资的外生设定可能是不合理的；另一方面，哈里斯—托达罗模型忽略了农业部门工资率变化的影响。

3. 斯塔克模型

斯塔克模型发展了哈里斯—托达罗模型关于微观经济主体决策的分析，强调了家庭整体作为决策主体的重要性。因为在发展中国家大量存在的现实是，一个家庭中通常不止一个成员发生迁移，而剩下的家庭成员将继续从事农业生产。那么，家庭如何决定哪些成员外出而哪些成员留守，斯塔克和布鲁姆（Stark & Bloom）在《劳动力流动的新经济学》中提出迁移新经济学和相对贫困理论。他们认为，家庭在做出上述选择时，会遵循预期收入的最大化和风险的最小化原则。在斯塔克模型中，包含四个重要的观点：

（1）迁移决策并不是由单一个体单独作出的最优选择，而是一个由更大规模的相关群体—家庭—共同参与的决策过程。斯塔克认为，个人效用最大化不再是迁移的唯一动因，而家庭成员的劳动时间在迁移和非迁移工作之间的配置是为了最小化家庭风险以及减轻

---

① Harris J., Todaro Michael, "Migration, Unemployment and Development: A Two Sector Analysis", *American Economic Review*, Vol. 60, No. 1, 1970, pp. 126-142.

由于各种市场不完善对家庭经济活动带来的负面影响，实现家庭期望效用最大化。

（2）迁移的目标是为了实现家庭风险分担和自我融资。家庭经济行为的目标不仅仅是追求收入最大化，最小化风险或者分散收入风险也是家庭决策的主要组成部分。比如，在家庭收入不稳定的背景下，为了避免收入来源过于单一的风险，家庭可能会选择让部分成员外出务工或迁移。

（3）欠发达地区的不完全形式迁移发生的主导因素。斯塔克认为，市场的不完全性诱发劳动力迁移。因为在欠发达地区，信贷市场和保险市场不完善甚至基本没有，农户很难依靠市场机制进行融资和风险分担，因此，家庭在面临资金约束和制度供给短缺的情况下，为突破这种约束，只能决定由部分成员外出打工或迁移来实现自我融资和自我保险。

（4）家庭隐性契约提供了激励约束机制。迁移出去的家庭成员与留在家乡的家庭成员之间会建立一种隐性契约关系，即输出家庭承担在初期所需承担的迁移成本。作为交换，当迁移者在其迁移地的劳动市场中稳定下来后，他们会通过汇款方式为其家庭的经济活动注入流动资金。而相互的利他行为更强化了这种隐性契约，如移民在输入地也会面临失业等不确定性，他们也需要来自输出家庭的支持，这促使他们自发维护这个隐性契约。

斯塔克持有的观点是，当家庭在做迁移选择时，除了要考虑其预期的绝对收入外，还需要关注与其所在社区或参考群体的收入差异。对于一个群体来说，假如其中某个人经济地位相对下降较快，那么其受剥削的感受就会增强，该个体就将发生迁移。因此，农村劳动力迁移是家庭经营决策中一种利益共享、风险分担的理性行为，即便城乡收入差距不大或无差距，这种制度安排也有其合理性。同时，家庭决策是理性的，一般情况，家庭将选择容易找到工作的、人力资本较高的成员外出，以此保证家庭收入最大化[①]。

在斯塔克模型中，以家庭为研究对象，家庭成员以获得最高收入为决策依据来决定是否进行迁移，考虑到迁移的风险与劳动力市场的不完善，将更加符合发展中国家的现实情况，因此在实践中被大量应用[②]。其政策含义是，为改善城乡劳动力市场扭曲或失衡，政府不必强行干预城乡劳动力市场及其价格，而应转向促进农村发展和改善农村经济条件。政府如果想减缓农村劳动力迁移，可致力于改善农业信贷、农业保险等降低农业生产风险的方面。

（三）人力资本迁移理论

传统的二元经济迁移理论以及新古典框架下的劳动力迁移理论，都无法回答在相同的城市收入差距或预期收入差距下，为什么有的人从农村迁移到了城市而有的人仍然留在农村，什么是决定劳动力是否迁移的因素。对此，人力资本迁移理论从微观视角引入人力资本理论进行了解释。

1. 舒尔茨的人力资本迁移理论

美国著名经济学家西奥多·舒尔茨（Theodore W. Schultz）在其经典之作《改造传统农业》中，对农村劳动力的理性计算能力尤其是在资源配置方面给予了充分肯定。他认为发展中国家农村劳动力收入之所以偏低，主要是因为技术人才的短缺和劳动力的低素质，因此他在劳动力个体差异的基础上提出了人力资本迁移的理论，同时认为劳动力流动是人力资本投资的重要组成部分。1961年他在其著作《人力资本投资：教育和研究的作用》中提到人力资本投资的重要途径之一就是农村劳动力迁移到城市，即"劳动力为了适应不

[①] Stark O., "Rural to Urban Migration in LDCs: A Relative Deprivation Approach", *Economic Development and Cultural Change*, Vol. 32, No. 3, 1984, pp. 475-486.

[②] 黄敦平：《劳动力流动对经济发展差距影响实证分析》，博士学位论文，吉林大学，2015年。

断变化的就业机会而进行的迁移"。

　　他进一步提出了人口迁移中的成本—收益的理论，迁移行为的成本与收益之比决定了个体是否迁移，即追求最大利益是影响劳动力迁移决策的核心因素。也就是说，迁移者做出迁移的决策时，他们首先会权衡迁移的成本和收益，只有当收益超过成本时，他们选择迁移的选择。迁移成本是指在迁移过程中所需支付的信息搜索费、动迁费用，失业导致的经济损失，以及在体力、智力和情感方面的花费，适应新环境和放弃现有资源所带来的各种损失等。迁移收益包括迁移后的收入增长，家庭关系和社会环境的提升，以及个人在心理层面上的满足感等多方面的收益[①]。上述都是影响迁移者迁移决策的重要方面。同时，他进一步强调，虽然迁移不会直接改变人力资本的存量，但它确实会优化人力资本的分配效率，从而提高整体的产出效率。

　　舒尔茨还利用这个理论从经济学的视角阐述了"年轻一代相较于年长的工人更倾向于迁移"的情况。在他看来，在于劳动力市场中存在着两种不同类型的人力资本——具有相同技能的年轻人和年长的工人。他认为，"随着经济的持续增长，工人需要根据工作机会的变化进行内部迁移，而年轻一代往往比年长的工人更有迁移的倾向。这种迁移的成本实际上是人力资本投资的一种形式时，它可以从经济学角度来解释的，而不需要深入研究年轻人和年长人群之间的社会学差异。因为与年长的人相比，年轻人有更长的时间来获得迁移投资的回报，因此他们只需要较小的工资差距就能实现迁移。换句话说，与年长的人相比，年轻人更有可能期待获得更高的迁移投资回报"。

　　舒尔茨的贡献在于一方面他将劳动力的流动视为人力资本投资的一个重要组成部分，同时他也注意到，在人力资本存量保持不变

---

① 林燕：《二元结构下的劳动力非家庭化转移研究》，博士学位论文，浙江大学，2009年。

的前提下，提高人力资本在空间上的配置效率能够积极促进劳动生产力的提升，这为人力资本迁移的理论研究提供了坚实的理论基础。这一理论的主要不足在于，当前影响迁移决策的变量众多，难以进行全面量化。因此，在实际迁移过程中，迁移前很难对成本和收益进行准确的分析，做出最优的决策。

2. 斯加斯塔的人力资本迁移理论

不管是在二元经济结构中的迁移模型还是在新古典经济模型中，其缺陷主要体现在难以阐明为何所有农村劳动力个体并不会都出现迁移的统一性，也就是说，仍然有大量的劳动力选择留在农业部门。因此，为了更好地研究劳动力迁移作为平衡机制对收入差距的影响，斯加斯塔（Sjaastad）沿着舒尔茨的分析思路开创了成本—收益法用来分析劳动力制定迁移决策，即从分析方法的角度，将迁移视为一种可以增强人力资源生产能力的投资行为，它可以通过推动资源的合理分配来获得经济回报，但迁移过程也需要资源，也就是说，它需要承担一定的成本。以斯加斯塔为代表的早期观点认为，迁移是人力资本的函数，接受过良好教育或者有特殊专长的年轻劳动力往往是最先迁移的。

斯加斯塔提出了一个假设，即劳动者的主要目标是在其职业生涯中获得净收益最大化，这意味着劳动者通过迁移带来的成本和收益分析来决定是否进行迁移的。收益是指迁移后新的工作带来的各方面效用的增长，被划为货币收益和非货币收益，货币收益是指迁移者在迁移后新的工作相对于他们原来的居住地获得的更高的收入，也就是通常所说的收入差异；非货币收益体现了迁移所带来的个人价值提高，例如更好的工作发展前景、更高的职业声望以及对新居住地的心理满足等。同样，成本也被分为货币和非货币的成本。成本指的是因迁移带来的经济损失，其中的货币成本包括交通费、搬家费、在迁移中放弃的收入及必要的教育和培训开销等；非货币的成本包括离开熟悉的生活环境所带来的心理成本。人力资本投资则会使迁移产生额外效益，如提高生产率，获得更好的就业机会，降低劳动力市场分割程度等。从更广泛的角度看，迁移也会带来相应的社会收益和成本。

斯加斯塔模型的基本观点：一是，城市和农村两个部门的工资率是劳动力具有的人力资本水平的增函数，人力资本不仅对个人的收入产生影响，还会对其就业的可能性产生影响；二是，相较于年纪较大的劳动者，年轻的劳动者更有可能进行迁移，同样，受教育程度高的劳动力总是比受教育程度低的劳动力迁移概率更大；三是，迁移的距离和所需的成本都在一定程度阻碍了迁移行为，但随着交通和通信条件的改善，迁移的成本预计会减少，这将有助于促进劳动力的流动；四是，农村发展对迁移的影响是双向的。比如，提升农村劳动者的人力资本的活动，不仅可以增强迁移者在城市工作的竞争力，同时也提高了他们在农村获得高收入的机会，劳动力是否选择迁移要看两者影响程度的大小。再比如，农村的基础设施得到了改进，这不仅有助于减少迁移的费用，而且更好的居住环境、卫生状况和便利的居住条件也减少了劳动力迁移的意愿[1]。

斯加斯塔模型的政策含义是，政府在促进农村劳动力迁移的同时也导致了农村部门人力资本的流失，同时增加了城市部门的人力资本，从而使前者增长速度放缓，而后者增长速度加快。如果政府不采取措施提高农村劳动力的整体人力资本水平，城乡间经济发展水平的差距和收入差距将会进一步扩大，进而强化了迁移的动力和条件。

3. 贝克尔的人力资本迁移理论

加里·贝克尔（Gary S. Becker）从微观经济学方面对人力资本理论进行了完善，贝克尔填补了舒尔茨仅研究宏观层面人力资本的

---

[1] Sjaastad, Larry A., "The Costs and Returns of Human Migration", *The Journal of Political Econom*, Vol. 70, No. 3, 1962, p. 80.

缺陷，将人力资本投资理论与收入分配结合研究。在1962年和1964年，他分别发布了《人力资本投资：一种理论分析》和《人力资本：特别关于教育的理论与经验分析》两部著作，为人力资本的微观分析奠定了坚实的基础，并标志着人力资本理论的最终确立。贝克尔认为，所有旨在增加人力资源并对其未来的货币收益和消费的投资，都应被视为人力资本的投资，尤其是在教育、医疗、国内劳动力流动或移民入境等方面的支出[①]。他将劳动力迁移视为人力资本投资手段的观点，后续经常被引用来阐释迁移过程中的选择性。人口迁移的选择性指的是某些特定群体比普通人更倾向于迁移，例如年轻人、受教育程度较高的人和男性在迁移过程中的主导地位。这些人群之所以更容易迁移，是因为他们具有较高的人力资本水平。他们希望通过迁移来获得对自己人力资本水平的更高认可，从而获得更高的收入，同时也能更好地克服迁移的障碍，抓住有利的机会。

4. 卢卡斯的农村—城市迁移模型

罗伯特·卢卡斯（Robert Lucas）在农村劳动力迁移问题上，从人力资本角度构建了一个新型城乡二元劳动力迁移模型。卢卡斯模型中的迁移模型基于几个核心假设：一是市场是完善的；二是每个迁移者的迁移决策都是自由的；三是城乡之间的迁移没有成本；四是农业部门没有人力资本积累，迁移到城市的农村劳动者会拥有对农业生产没有帮助的初始人力资本。然而，如果城市的劳动者能够拥有这样的人力资本，他们就有能力生产出特定单位的消费品；五是农业部门劳动者在每个阶段都会决定是否迁移；六是对于那些已经迁移到城市部门的农村劳动者，他们将面临是否留在城市、返回农村或选择与原计划相反的决策；七是如果迁移者决定从城市返回

---

① ［美］加里·贝克尔：《人力资本理论：关于教育的理论和实证分析》，郭虹等译，中信出版社2007年版，第240页。

农村，他将失去在城市中已经积累起来的所有人力资本①。在此基础上，卢卡斯建立的以人力资本为动因的农村—城市迁移模型，回答了之前的理论无法解释的迁移事实"那些在城市找不到工作或无法获得满意收入的迁移者，仍然选择留在城市，而不是返回农村"。

卢卡斯模型认为，乡村到城市的迁移是劳动力从土地密集型第一产业转向人力资源密集型第二、三产业的过程，且假定经济是无限增长的。该模型指出，劳动力在城市中积累现代生产技术所需的技能，并利用城市人力资本的外部效应来阐释劳动力的持续流动。他认为，由于分工的专业化和细致性，城市工作所需要的技能水平无法轻易被低技能水平的迁移者获得，需要他们积累更高的人力资本，包括不断地学习、培训与经验积累来实现，也就是说，农村迁移者只有在城市中才有可能提升其人力资本的专业水平并增加城市就业机会。因此，"那些在城市找不到工作或无法获得满意收入的迁移者，仍然选择留在城市，而不是返回农村"的现象，实际上是劳动力在进行人力资本积累。卢卡斯模型深入研究了各种外部因素如何影响人力资本。他认为，外部因素，如教育资金投入、技能培训和社会福利等，都对提升人力资本水平产生了积极的作用。外部因素对人力资本产生影响越大，农村劳动力做出迁移的决定也会越早，并且他们的人力资本水平也会更快地得到提升。由于"示范效应"，先迁移者会对后迁移者产生迁移的激励，以及对其他迁移提供帮助，因此会有越来越多的农村劳动力流向城市。受到外部因素的作用，那些首先迁移的人的人力资本增长速度会更快，从而更迅速地达到城市工人的平均技能水平。同理，外部因素所带来的影响对后迁移者也是相似的②。

---

① 高一兰：《人力资本、制度与我国农村劳动力迁移》，博士学位论文，上海社会科学院，2016年。
② Lucas Robert, "Life Earnings and Rural-Urban Migration", *Journal of Political Economy*, Vol. 112, No. 1, 2004, pp. 29–59.

卢卡斯的研究利用劳动力的人力资本积累来解释农村劳动力流动决策的理论模型。在卢卡斯模型中，人力资本的存量决定了劳动力的迁移行为。农村劳动力的人力资本水平差异导致了有的劳动力拥有了城市工作，而在城市中没有稳定工作的劳动力为了积累人力资本则选择留在城市。还有一部分劳动力在获得短期收入或风险分散的目标后选择回到农村稳定工作。卢卡斯迁移模型的政策含义是，政府需要提供专门的技能培训和教育促使农村劳动力快速融入城市，从而使农村劳动力的人力资本更接近城市的最低标准。

二 劳动力市场分割理论

新古典经济学理论是关于劳动力市场的主导观点。新古典经济学家们持有这样的观点：通过合理的价格策略，劳动力市场可以得到有效的调节，确保交易双方都能公正地进行交易。这种观点在很大程度上受到了古典经济学派的影响，即古典经济学把劳动力看作一种稀缺资源，而不考虑劳动力自身存在的价值问题。虽然新古典经济学在某种程度上已经放弃了古典经济学中关于完全竞争劳动力市场的观点，但它仍然坚持认为所有市场参与者都是追求最大利润或最大效用的理性实体，并认为工资可以平衡劳动力的供需关系。因此，如果劳动力市场存在着"囚徒困境"，那么就需要政府采取干预措施来调节这种关系。从20世纪60年代初开始，像舒尔茨（Theodore W. Schultz）和贝克尔（Gary S. Becker）这样的经济学家首次引入了人力资本这一新概念。这一概念的核心思想是，个体可以有针对性地对人力资本进行投资，这样的投资不仅可以提升生产效率，还能促进预期收益的增加。这些建立在经典理论基础上的观点，始终是劳动经济学的中心议题，并被广泛应用于解读劳动力市场中的许多现象。

然而现实中的劳动力市场并非完全竞争性的劳动力市场，新古典理论并没有充分考虑到劳动力市场的运作还受到经济结构变化、社会因素和制度性因素的限制，因此劳动力市场分割理论应运而生。约翰·穆勒和凯恩斯是劳动力市场分割理论的创始人，他们持有的观点是，新古典的劳动市场理论并不能完全阐释劳动者之间不断扩大的收入差距和劳动市场中的各种歧视行为，这也对劳动力市场的整体竞争力提出了疑问。在20世纪六七十年代，职业竞争理论、基于历史和制度分析的激进经济学观点以及二元劳动力市场理论被提出。这些理论详细解释了劳动力市场的非竞争性特点，强调了劳动力市场的分割特性，并为实际情况提供了强大的解读能力。其中多林格尔（P. B. Doeringe）和皮奥里（M. J. Piore）1971年在他们合著的《内部劳动力市场及人力政策》提出的二元劳动力市场理论成为劳动力市场分割理论的代表。也有部分学者持有观点，认为二元结构论无法充分阐释劳动力市场的分割特性，因为劳动力市场实际上是由多个不同的区域构成的。还有一些学者持有观点，他们认为劳动力市场构成了一个持续不断的工作链条，在这个"链条"中工资的差异相当大，但并没有一个明确界定的区域存在。在美国经济学家吉利斯等的著作《发展经济学》里，他与他的研究团队对发展中国家的劳动市场结构进行了细致的分类，将其划分为城市的正规和非正规部门，以及农村的就业部门这三个不同的维度[①]。

（一）二元劳动力市场分割理论

英国的古典经济学者J. S. 穆勒和凯尔恩斯（J. E. Caimes）对劳动市场进行了深入的划分，他们将其分为两大核心市场：内部市场和外部市场，并强调工资的不均衡是劳动力市场分化的直接后果。他们把内部市场称为"工作中心"，而把外部市场称为"雇主中心"。这一观点首先明确了劳动力市场的划分，并对公司内部的劳动

---

① [美]吉利斯、波金斯、罗默、斯诺德格拉斯：《发展经济学》，黄卫平总译校，中国人民大学出版社1998年版，第48页。

力市场给出了明确的定义。后来，由于受到新自由主义经济学的影响，这一划分方法逐渐演变为完全竞争假设下的劳动市场分割理论。在20世纪60年代即将结束之际，美国经济学家彼得·多林格和迈克尔·皮奥雷在研究波士顿的低收入群体时指出，仅仅依赖竞争理论和人力资本理论是不足以全面解释高工资、低工资和失业人群之间存在的显著差异的。他们发现，在低生产率企业中，工人的工作机会会随着技术的进步而增加，而在高技术企业中则相反。因此，他们构建了一个双元结构的劳动力市场模型，该模型被视为早期劳动市场分割理论的经典示例。在该模型中，企业通过对劳动力进行分类来区分不同类型的劳动者。这一模型将劳动市场划分为初级和次级（一级和二级）两个子市场。初级市场主要由企业组织进行招聘，而次级市场则以雇主和雇员双方共同参与为特征。在初级市场环境下，员工的薪资水平相对较高，工作场所环境良好，就业情况持续稳定，同时也为员工提供了接受培训和晋升的可能性；在二级市场中工资水平适中，工作环境欠佳，但就业情况比较乐观，而且还能够获得晋升的机会。但是，在二级市场环境下，员工的薪资水平相对较低，工作场所的环境并不理想，就业情况也显得不太稳定，同时晋升的可能性也比较有限。初级市场与次级市场之间存在着竞争关系。这两个市场都有自己独到的运营策略。一级市场主要依靠工资决定机制对企业进行间接控制，而二级市场则以工资信号引导企业行为。二级市场通常被视为一个具有竞争性的市场环境，在这个环境中，工资水平逐步走向平衡，同时劳动力的供给和需求也会受到工资水平的影响和调节。在二级市场上，工资会随着劳动力供求情况发生变化，因此它可以成为一个独立的价格信号。然而，在一级市场中，操作模式显得尤为复杂和错综，劳动力的成本和数量是由一整套完备的管理规章和操作流程来进行调节的，这常常导致整体工资水平高于平均水平。当劳动者进入一级市场，他们将享有"内部人"的特权,并避免与"外部人"产生竞争。在这两种截然不同的市场背景下,劳动者的流动能力受到了明显的限制。在一级市场工作的人更倾向于选择失业,而不是进入二级市场工作,那些在二级市场工作的人可能因为长时间的消极工作态度和懒散习惯而难以融入一级市场。这种状况使得劳动力市场上存在着一个严重的低工资问题,即"内部人"垄断劳动力市场。劳动力市场分割理论因其能够阐释低工资状况并对劳动力市场结构进行深入的分析,所以得到了众多的关注和研究。

劳动力市场的分割被视为一种新颖的方法,它首先强调,在劳动市场上,一个人获得不同薪酬的主要原因,往往是他从事了多种不同的职业,而不仅仅是基于他的个人能力;其次,这种划分并不能说明人们的收入差距是如何形成的,因为这些差距通常只发生在一级或更高级别的市场上。再者,这一观点突出了产品市场在劳动力市场中的核心地位。如果产品市场的供应量超出了市场需求,那么劳动力市场在整个产品市场中的作用就变得相对次要了;最后,劳动力市场的分割理论认为,偏好和公共政策是内部因素,一些人能够长期留在二级市场,是因为他们在社会中的地位相对较低。这些都为解释当前我国劳动力市场出现的一些现象提供了理论依据。然而,传统经济学者对劳动力市场的分割理论提出了批评。主要的批评焦点是两个方面:一方面是觉得其核心观点没有得到足够的实证数据支撑;另一方面是这一理论更多的是描述性的,而非解释性的,它对劳动市场的各个部门进行了划分,但并未进行深入的探讨[1]。

因此,皮奥里进一步把一级市场细分为两个子部分:较高阶层和较低阶层。本书还对不同层次中职位所涉及的人员进行分类,并从这两方面分别探讨职位类型与薪酬之间的关系。前者主要涵盖了

---

[1] [美]萨尔·D. 霍夫曼:《劳动力市场经济学》,崔伟、张志强译,任扶善校,上海三联书店1989年版,第64页。

一系列高度专业化和高层管理的职位,这些职位通常具有较高的收入、社会地位、丰富的发展机会和高度的流动性;后者主要包括了除了前面提到的职位之外的其他种类的职位,这些职位通常具有一般的平均收入、有限的晋升机会,并且其工资水平和职位分配都是由内部管理规定直接决定的,因此缺乏灵活性。本书对上述两种不同类型的职位在劳动力市场上的作用机制分别做了分析说明。提出这一系列概念的初衷是将劳动力市场分割的思想与社会学的社会经济层面相结合,并进一步将社会的一级部分中的较高和较低阶层,以及二级部分与中产阶级、劳作阶级和下等阶级进行一一对应。与此同时,皮奥里引入了"流动链"(Mobility Chains)这一理念,明确指出社会经济各阶层之间的流动并不是随机的,而是遵循特定的规则和路径,进而逐渐普及和接受了分割理论。

(二)职位竞争理论

该理论在1972年出现,由瑟罗(Thurow L.)和卢卡斯(Lucas R.)等人共同提出。该理论侧重于探讨职位与劳动者之间的相互关系。其主要观点包括以下几点。

职位的质量、数量和构成是受技术进步影响的,而生产效率的提升更多地依赖职位本身,而不是工人的贡献。

尽管各个职位的薪酬存在差异,但在每一个职位上,工资都是相对稳定的。这种工资水平会受到技术水平、社会传统、工会的影响力以及雇主与雇员之间培训费用分配等多种因素的影响。

工人的收入水平是基于他们在劳动市场中的地位来决定的。站在劳动力市场的顶端的工人更有可能获得更好的工作机会和更高的薪酬,而那些位于市场末端的劳动者通常只能获得较低的职位和收入。因此,工人在劳动市场中处于不同的地位对工资水平具有重要影响。工人在劳动市场中的地位是基于他们预期的培训成本来确定的,而那些预计费用较高的工人往往位于这个结构的最末端。

在这个理论里，教育不再仅仅被看作提升生产效率的人力资源，它更像是一个"信号"，充当了筛选的角色。那些受教育水平较高的人往往被认为具有更高的培训机会和更低的预期培训费用，这使得他们在劳动力市场中处于领先地位，而那些受教育程度相对较低的人则呈现出与此相反的状况。随着高质量职位的逐渐减少，进入这些职位的竞争也变得更为激烈，同时，对同一职位的期望也对求职者的教育背景提出了更高的标准。因此，尽管教育在不断地扩大，但这并不意味着某个职位的薪资会下降，也不会使其上升。一个不争的事实是，接受过较高教育的人通常只能从事过去只需要少量教育就能胜任的工作。事实上，教育已经成为一种有效的人力资本投资方式，为社会经济发展提供重要支撑。虽然如此，这并没有降低人们对教育的渴求，反而，它加剧了文凭主义和过度教育的倾向。本书从新制度经济学的视角出发，分析了教育与社会经济发展之间的关系及其内在机制，并指出这一研究领域存在着一些值得关注的问题。显然，职位竞争理论的核心思想涵盖了重新评估教育的价值和劳动力的分层结构等多个维度。多林格、皮奥里等学者提出的二元结构理论与内部劳动力市场理论在某些方面具有相似性，这可以被视为对多林格等人的劳动力市场分割理论的进一步拓展。

（三）激进理论

该理论的代表人物是霍华德（Howard M. Wachtel）、迈克尔（Michael Reich）、大卫（David M. Gordon）和理查德（Richard C. Edwards）。他们接受了马克思的核心观点，并强调了他是如何从社会等级和阶级划分的视角来解释劳动力市场分割的。在此基础上，他们认为，由于城市中不同阶层间存在着不平等关系，因此城市中的劳动供给也会呈现出明显差异。正如希克斯在他的经济历史研究中所指出的，城市中的劳动者可以被划分为三个类别，其中较高级别的劳动者往往能找到安全、稳定且高薪的职位；中等级别的劳动者可以通过组织努力获得一定程度的安全保障；对于社会最底层的城市中的无产者来说，他们的高薪和生活安全几乎是不存在的。此外，各个层次都为劳动者的跨领域流动设置了特定的阻碍。在这种条件下，只有当企业的雇佣关系与劳动者个人之间的关系发生矛盾时才能出现劳动力从高一级向低一级流动的现象，而教育和培训则成为这一流动障碍的一个关键组成部分。

在这个阶段，塔布（Tabb）、鲍尔（Bauer）和雷（Ray）等学者提出了激进的理论观点。这些理论对我国劳动力市场分割问题研究具有重要参考价值。这些建议的突出之处在于它们沿袭了马克思主义的研究方法，并强调了对制度和历史的探讨。他们认为，资本主义生产关系决定着劳动产品的生产分配方式，而这种生产方式又影响着劳动力市场的结构及其变动趋势。劳动力市场的划分与多种社会经济因素有着密切的联系，并且这是一个不断演变的历史进程。他们持有的观点是，资本主义在竞争阶段对劳动力的需求呈现出同质性，这导致了劳动者的无产阶级意识逐渐增强，与资本家之间的矛盾也日益尖锐。同时，由于垄断厂商的涌现，人们关注的焦点已经从追求短期最大利润转向了对产品和劳动力市场的长远管理。这种转变使资本家的利益得以体现并为其带来巨大的收益，却使得劳动人民遭受着不公平的待遇，从而引起劳资间的冲突和阶级对抗。因此，资本家们开始有计划地采用各种不同的策略来分别管理他们的劳动力市场。在工业化时代，劳动力的"同质性"需求已被垄断资本主义时期的"层次化"需求所取代。由于资本高度集中和对剩余价值的持续追求，资产阶级的一致性得到了加强和巩固，这导致工人阶级的阶级需求变得多样化，阶级意识逐渐被身份意识替代，分层化也就成为必然，劳动力市场的分割也变得不可避免。激进的理论为新古典劳动力市场理论中那些难以解释的实际问题提供了解答，认为劳动力市场的分割是资本和劳动相互斗争的结果，但是被质疑包容性不广、逻辑不严密以及缺乏足够的实证检验支持。

（四）主要观点

1. 工资决定机制

分割理论和传统理论的主要区别体现在这一观点上。分割理论认为工资不是由生产函数本身决定的，而是由生产要素的配置效率决定的。从传统劳动市场的角度来看，工资是由劳动的边际生产力决定的，而劳动需求的曲线就是劳动的边际产出曲线。在这一思想指导下，分割理论认为，工资的变化取决于劳动者的技能水平以及劳动力市场上不同类型企业的竞争状况。分割理论指出，决定工资的各种元素是极其复杂的，并利用这些元素来阐释实际经济背景下的工资不均和工资偏见问题。

从双元劳动力市场的视角出发，一级劳动力市场的雇主主要是大型企业，这些公司主要专注于生产资本密集型的产品，这有助于更容易地构建内部劳动力市场，从而为工人提供获得更高收入水平的机会。在这样的情境中，工资的决定并不是基于工人的边际生产能力，而是基于他们在内部劳动市场中的地位，也就是他们所担任的职位。因此，如果外部劳动力市场存在着较大的不确定性，那么就可能导致工人的工资水平低于其边际生产率。在二级劳动力市场的背景下，主要的雇主是大量的中小型企业。这些企业主要专注于生产劳动密集型的产品，而这些产品的市场需求也在持续变化。因此，这些企业通常不太关心如何发展其内部的劳动力市场。在这种情况下，工资通常是由雇佣关系本身所确定，并且不会随着劳动力市场的变化而发生显著改变。因此，在二级劳动力市场中，工资水平是由劳动力的供需状况所决定的，并且最终会稳定在一个预先设定的水平上。

2. 人力资本投资的作用

从传统劳动市场的角度出发，人力资本在塑造工资结构方面扮演了不可或缺的角色。这主要是为了阐明劳动力市场中工资的不平等,因为不同的人力资本投入会导致劳动的边际产出存在差异,而明智的公司通常会根据边际产出来支付工资。基于此,市场的竞争战略将促进教育(尤其是对人力资本的投资)的普及和公平性,进而逐渐减少人们收入的不平等。因此,教育成为一种重要的工具来帮助提高劳动效率和改善就业状况,并且最终能够缩小工资差距。虽然如此,但在我们的日常生活中,很少看到这样完美的场景,部分劳动者的持续贫困和不断扩大的收入差距,并没有因为教育的普及而得到缓解。众多的研究数据也表明,教育对于收入的作用并不是特别显著。那么,教育究竟是否真的能够改善收入分配?关于这些议题,分割理论为教育在劳动市场中所扮演的角色带来了刷新的解读。分割理论认为,由于教育可以改变个人与工作单位间的关系以及个人的职业选择,因此会增加就业难度。在人力资本的理论框架下,教育不再仅仅是提高生产效率的手段,它更多地被视为一个标志,具有筛选功能。教育可以使劳动者通过学习掌握技能来提高自身的生产效率,从而达到增收的目的。教育劳动者的核心目标是融入初级劳动力市场,并向雇主传递这样的信息:他具有很大的培训潜能,预计培训的成本相对较低,这使得他有机会获得更好的职位和进入劳动力市场。对于那些受教育程度不高的人来说,他们通常被视为培训潜力有限,预计的培训成本也相对较高,因此他们只能在劳动力市场的最底层或者继续留在二级劳动力市场中。

3. 劳动力本身素质和偏好

分割理论清晰地指出,部分劳动者被困在二级劳动力市场,为了摆脱贫困,他们必须进入一级劳动力市场工作。也就是说,一部分劳动力需要通过一定程度上的努力才能从另一地区或城市获得一份工作,从而使自己摆脱贫困。然而,在两个截然不同的劳动力市场中,工人的工作态度、工作习惯和动机存在显著差异。因此,那些在二级劳动力市场工作的人通常会展现出一系列行为特点，如懒惰、时间观念匮乏、缺乏合作精神和不尊重他人等，这与一级劳动力市场的标准和要求是完全不一致的。这种情况下，即使提高工资，也难以从二级劳动力市场得到足够多的报酬。因此，即便一个人致力于提升自己的教育程度，如果他在二级劳动力市场找到了一份工作，进入一级劳动力市场也将变得相当困难。本书提出，在劳动力市场上，存在着"人力资本"与"社会资本"两种类型的异质性特征。这项研究揭示了分割理论与传统理论之间的显著差异，它不仅突出了劳动者的素质和偏好的重要性，还将其视为一种内在的现象，并认为这是劳动力市场运作的直接后果。同时，这种人力资本积累效应还表明，当个体处于劣势地位时，即使他努力地克服自身弱点来争取更多的就业机会，也无法改变这种弱势状况。因此，在早期的劳动市场中，由于现行的歧视性政策、制度性的阻碍或偶尔发生的事件，部分劳动者在次级市场的就业情况有可能进一步恶化。此外，由于受教育程度普遍偏低，很多人不能有效利用各种资源从事生产活动，从而造成人力资本水平低下，从而影响企业的劳动生产率和利润水平。这种情况不仅加重了这些劳动者的不良行为模式，还使他们难以摆脱不利的工作环境，最终使他们持续陷入贫困的恶性循环。

  从传统观念来看，提出的政策建议主要是为了满足劳动力供应者的实际需求，这是因为劳动效率和工资是由人力资本所决定的，这突出了对劳动者进行教育和培训的重要性，并致力于减少寻找工作的成本。分割理论更偏向于突出劳动力市场的需求和制度性因素，比如创造公共部门的工作机会、提供工资补贴、反对劳动力市场的歧视和提高工人的社会地位等。分割理论也认为，如果政府能够有效地控制失业率，则可以提高劳动生产率。分割理论还提倡实施扩张性的总需求政策，以确保实现充分的就业，消除部分劳动者的贫困。

（五）传统劳动力市场分割的原因及形式

劳动力市场是一个异常复杂的领域，它经常受到非经济因素的干扰，这可能导致市场的作用受到削减和限制，甚至有可能被社会和其他非经济因素所替代（Lester 1951）。劳动力市场中的"异质性"现象就是这种作用于劳动力市场的结果之一。制度框架与社会环境均为劳动力市场分化的核心驱动因素。在传统经济学中，人们通常把这些因素视为一种外部力量来看待，而忽视了内部机制对市场产生的作用。当劳动市场遭受分割，它可能会孕育出非竞争性的人群，并可能引发劳动力流动的难题和收入的不均等现象。此外，劳动力市场的这种结构也容易产生各种歧视现象。劳动力市场的分割背后有许多不同的原因，基于这些原因，我们可以将其划分为几个主要类别：

1. 劳动力歧视、地域及文化因素造成的劳动力市场分割

经济学者普遍持有这样的观点：劳动者在市场上的价值应当基于所有可能影响其边际生产力的供应和需求因素，而导致歧视的核心原因是那些与生产率不直接相关的因素获得了劳动力市场的价值。这种观点认为，歧视是一种社会现象，它存在于不同行业之间以及不同职业间，甚至不同年龄、性别之间都有可能发生。在劳动力市场中，各种形式的歧视行为屡见不鲜。在不同行业之间，歧视现象具有明显的差异性。举例来说，在高收入的工作岗位上，女性所占的比例相对偏低，因此，即便她们与男性员工共同担任同一职位，女性员工想要获得更高的薪酬和更多的晋升机会也会变得相对困难；在某些白人人口较多的区域，与白人劳动者相比，其他肤色的劳动者很难获得相同的工资和晋升机会；在一些行业内，由于某些特殊原因，比如，在特定领域，某些特定工种以及某些特定岗位上工作等，会对劳动者产生不同程度的影响，从而引发一系列的歧视问题。在招聘流程中，一些公司会把员工的身高和外貌作为重要的参考因

素。这些都是影响劳动力市场公平程度的因素之一。如前所述，许多人可能因为各种原因失去了参与市场竞争的机会，或者即便他们通过自己的努力找到了工作，也可能难以获得与他人相同的薪酬和福利，这种情况下的歧视可能会导致劳动市场的分裂。

2. 技术进步以及竞争因素造成的劳动力市场分割

自20世纪初以来，随着科技创新活动向社会各个领域扩展，人们对知识信息的需求日益增加。这种情况使得各个产业和行业的边界变得日益清晰，并促进了行业与技术协会、行业工会等多种不同的组织方式的出现。这些组织通过制定一系列规则来约束成员企业，使之遵守既定的规则以获得利益最大化。虽然这些机构有助于促进行业内不同企业之间形成健康的合作伙伴关系，但它们也有可能成为进入该行业的障碍，进一步限制了小微企业和其他行业企业在竞争中的表现。在这种情况下，行业内部就产生了一些非正式的组织——行业工会。行业工会的存在不只是为了保护行业内员工的权益，它还在一定程度上减少了其他行业员工进入该行业的数量。这种情况导致了部分员工被隔离在高薪和待遇较好的行业之外，从而促进了一级劳动力市场和二级劳动力市场的形成。此外，随着不同行业分工的日益明晰以及新兴产业的持续增长，市场竞争的激烈程度也随之上升。由于缺乏有效的激励机制，很多中小企业难以保持长期稳定的生产经营状态。在许多不同的行业里，不只是涌现出一个或数个大型的公司，还存在众多的跨行业发展团体，这都促成了垄断的出现。由于这些因素，使得企业需要对其下属的部门进行整合以达到降低成本并增加利润的目的，而这就要求企业必须拥有更多的人力资源管理职能。为了增强公司在市场上的竞争优势，管理团队会持续地运用各种策略来对员工进行管理和激励，进而塑造公司内部的劳动力市场环境。在这种情况下，公司往往需要根据外部劳动力市场提供的信息制定出合理有效的薪酬方案。此种策略导致企业在制定新的职位招募或晋升策略时，首先会考虑到员工的实际需求，这进一步造成了内部和外部劳动力市场之间的隔离[①]。

3. 法规或政策造成的制度性分割

众多的法律和制度在不同的层次上导致了劳动力市场的分裂，这种情况在我国尤其明显。例如，在我国，无论是在计划经济还是市场经济的背景下，仍然存在的城乡户籍制度都在某种程度上加剧了城乡居民在就业方面的不平等现象[②]。另外，在经济转轨过程中，由于国家政策、企业组织形式以及社会环境等因素的影响，使得劳动者之间也出现了巨大差异。例如，在经济体制从计划经济向市场经济转型的过程中，政府对各种所有制形式的经济实体采取了各种不同的管理策略。国有企业职工不能享受国家制定的基本公共服务，而私营企业的雇员却能够获得与国有企业相同或者更高的工资水平。国有经济单位的员工享有依法获得各种保险和福利的权利。但是，与国有经济单位相比，非国有经济单位在社会保障法律的执行和管理上存在明显的不同，这使得它们难以获得必要的保障措施。由于我国长期以来实行的二元经济结构和人口流动机制，造成了城乡之间劳动力资源分布的严重失衡。像城乡户籍制度或国有经济制度这样的政策和法律条款，可能会导致劳动力市场中的不同群体面临不公平的工作机会、待遇或工作环境，从而触发劳动力市场的制度性隔离[③]。这种现象的出现主要是因为国有企业内部劳动力市场分割所造成的，如企业内劳动者之间相互排斥等。

[①] Cappelli P., Cascio W. F., "Why Some Jobs Command Wage Premiums, A Test of Career Tournament and Internal Labor Market Hypotheses?", *Academy of Management Journal*, Vol. 34, No. 4, 1991, pp. 848-868.

[②] 宋洪远、黄华波、刘光明：《关于农村劳动力流动的政策问题分析》，《管理世界》2002年第5期。

[③] 王倩：《我国垄断行业高收入形成机制及租金耗散过程分析》，《华东经济管理》2013年第9期。

(六) 中国的劳动力市场分割

自20世纪80年代初,中国就有学者开始研究劳动力市场的非竞争性。随着经济体制改革的深入,劳动体制改革和相关的劳动力市场建设问题逐渐成为制约中国经济进一步发展的因素。并在20世纪90年代初期,我国学者开始接受劳动力市场分割这一观点,以此来描述中国劳动力市场中存在的体制性分割情况。

由于历史背景和劳动力分配方式的差异,我国劳动力市场的分割现象会随着社会经济的进步而发生变化,这种变化具有其独有的特征[①]。首先,我们必须清楚地认识到,在城市与农村之间,劳动力市场有着明显的分割。改革开放以来,我国经历了从计划经济体制到社会主义市场经济再到现代市场经济体系的变迁过程,这种演变对劳动力市场产生了深远的影响。在中华人民共和国刚刚成立之时,重型工业已经崭露头角,成为经济发展的关键领域。改革开放后,农村剩余劳动力大规模向城市转移,城市内部出现大量农民工群体。为了推动城市的进步,政府实施了多项政策和措施,这导致了我国城市与农村之间的劳动力市场出现了明显的断裂。随着农村剩余劳动力转移和农业生产机械化程度提高,我国城乡劳动力市场开始逐渐融合。自改革开放政策实施以来,尽管我们目睹了经济的飞速发展,但这也使得城乡之间的工资差异进一步拉大,使得城乡的劳动者在各自的劳动市场中受到孤立,进一步加剧了城乡劳动力市场的隔离状况。在农村的劳动力市场中我们发现,随着工业化程度的提高,农民逐渐向城镇转移。另外,在城市的劳动力市场,我们也能观察到劳动力的二次分割现象。从历史上看,我国的户籍制度对劳动力的转移起到过重要作用。在实施改革开放政策之前,由于制度的限制,劳动力被分散到各个不同的地域和行业,导致他们不能自

---

① 吕康银:《劳动力市场分割的实证研究》,科学出版社2016年版,第72页。

由地流动；在改革开放初期，不同城市的居民开始面临各自不同的就业制度，这意味着他们在体制内和体制外都有不同的工作机会；改革开放后期，人们又不得不面临着来自企业、政府等多方面的压力，从而形成了"内卷化"的局面，这种状况最终导致了一个特殊类型的劳动关系——双元劳动关系的产生。随着市场化改革的深入推进，城市的劳动力市场开始出现了内部劳动力市场，这最终导致了一种类似于西方国家的双元结构劳动力市场的分裂。这种劳动力市场的分离不仅表现为劳动者与用人单位之间的关系上的分隔，更重要的还表现为企业内部员工之间的界限的模糊。最后，在导致劳动力市场出现分割的众多原因中，制度上的因素显然是这一分割趋势的核心驱动力。因此，本书从制度性因素出发，分析了我国劳动力市场分割产生的原因以及影响。在计划经济的体制背景下，由于就业、分配和户籍等多种制度的作用，造成了具有中国特色的城乡和不同行业之间的隔阂。因此，我国当前的劳动力市场分割实际上就是由户籍管理制度所造成的"二元"社会经济结构与传统计划经济体制相互融合而形成的一个典型的双重机制型劳动力市场。随着市场经济改革的持续推进，新型的劳动力市场分割方式开始浮现，这种方式逐步替代了之前完全限制流动的劳动力市场分割策略。然而，改革的不完全实施仍然导致了基于制度因素的体制分割、行业分割和内部劳动力市场分割的新形态。

1. 城乡分割

自中华人民共和国成立以来，我国陆续推出了一系列的户籍政策，这其中包括了户口登记和户口迁移的相关规定。这套政策严格地限制了农村居民向城市和镇（如矿区、林区等）的流动，同时也限制了农业人口向非农业人口的迁移，以及他们从其他城市向北京、上海和天津这三座城市的迁移。这些政策都是基于户籍管理制度而制定的，主要目的就是解决农村劳动力转移问题。这些政策在某种程度上有助于更好地了解全国人口的基本状况并保持社会的稳定，但同时也有效地遏制了农村人口向城市的迁移。随着我国市场经济和改革开放政策的深入实施，经济得到了飞速地增长。在南方沿海的发达地区，企业如同春天后的竹笋般迅速涌现。这导致了一个明显的问题：本地的劳动力严重短缺，有必要从其他地区进行调动。为了解决这一矛盾，许多农民选择到沿海地区务工经商。然而，受到户籍制度的限制，劳动力的转移变得更为困难，这严重阻碍了经济的进一步壮大。为了缓解这种矛盾，中央政府提出了"户籍新政"，试图通过政策倾斜来解决这一难题。实际上，在那个阶段，户籍制度的影响力已经减弱，大量的社会需求已经吸引了全国各地，尤其是农村欠发达地区的劳动力主动迁移。因此，户籍制度对经济社会发展的作用越来越重要，甚至可以说户籍已成为影响国家现代化进程的主要因素之一。从20世纪90年代末开始至今，我国已经进行了大量的户籍制度改革实验，这在一定程度上消除了城乡和地理的限制。从总体看，户籍改革取得了显著成效，对经济社会发展产生了积极影响。尽管如此，户籍制度所进行的这些改革与中国追求的市场化和经济增长的目标之间，依然有着明显的差距。对于农民而言，迁移到城市，特别是在大都市定居，依然面临着严格的条件和众多的手续，真的是充满了挑战。除此之外，子女的教育、医疗保健、社保和购房等多个方面也面临着巨大的限制。尽管城乡劳动力市场在各自的领域内是自由流动的，但它们之间存在着明显的隔阂。

此外，地方政府在拟定相关政策的过程中，常常会实施户籍政策，这样做的目的是限制劳动力流入，从而更有效地保护地方工业，并促进当地的就业机会。因此，户籍制度成为一个重要而敏感的话题。在某些省份和城市，例如北京，外来人口是通过实施暂住证制度来管理的，如果他们没有暂住证，那么他们将无法从事房屋经营、租赁等相关活动。以上海为例,当地单位在招聘外地工人之前,必须获得劳动部门的正式批准。此外,对于外地工人所从事的行业,有明确的禁令。这些外地工人还需要办理工作证明,并对其年龄、教育背景和健康状况都有严格的要求。在某些特定城市,比如宁波市,有明确的法律规定,允许从事纺织、建筑、渔业等需要大量体力劳动的行业,以及有毒、有害、高温、高空或特别重体力劳动的行业雇用来自农村和其他地区的劳动者;在金融、保险、管理、财务、贸易、进出口、邮政以及民航等众多领域,均严格禁止聘用来自其他地方的工作人员。在一些特殊工种,如汽车司机、建筑工地上的农民工等也不能聘用。在被标记为"最差"和"最好"的职业类别中,对于外来务工人员的使用存在一定的限制,即按照"先到当地,再到外地"的招聘顺序进行,雇主还需要支付"农村和外来劳动力的安置费用"。这种歧视措施不仅导致对本地工人的排斥,而且使其不能获得工资性收入。这些明显偏向于保护主义的地方性政策,进一步加深了劳动力市场的分化。

2. 一级、二级分割

从城乡劳动力市场的分类来看,我国城市内依然存在着一级与二级劳动力市场之间的明显分割。其中一级市场主要指国有大中型企业,而二级市场则主要指乡及镇集体企业。在初级市场中,我们主要看到的是一些规模较大的公司,尤其是那些国有的大型企业和政府相关部门;在二级市场上,则主要有个体工商户和小型私营企业等。次级市场主要由中小规模的企业和独立经营者构成。目前,由于我国实行社会主义市场经济,因此,在我国不同地区之间也出现了不同类型的劳动力市场。我国的一、二级市场划分不只是受到科技的进步、工作的性质和劳动者的素质等多方面因素的影响,还受到我国特有的制度性因素的推动,这些因素共同发挥了重要的推动作用。第一,社会保障制度是一个多层次的体系。在中国的社会保障体系里，社会保险费是由国家、企业和个人三方共同承担的，而在这三方中，企业所承担的责任是最重大的。在一级劳动力市场中，大型企业和高效益的企业都拥有充足的财力。因此，支付给员工的社会保险费用越高，他们所获得的保障也就越坚实。这将会吸引更多技术熟练、知识丰富、能力出众的精英加入一级劳动力市场，他们不愿意离开这个市场，因为一旦离开，就可能失去这种高度的保障；在二级市场中，小型企业的经济实力相对较弱，这导致他们支付的社会保险费用偏低，有的甚至完全不支付。而大型企业则对某些边缘职位，如劳务派遣或差异化待遇，采取了不同的策略。这种状况使得二级市场的员工保障不足，因此只有那些无法进入一级市场的劳动力，例如主要的农民工和城市中技能和学历较低的工人，才有可能进入二级市场。这种情况导致了一个恶性循环的形成，一级市场的保障水平逐渐提升，而二级市场的保障水平则逐渐下降，同时也限制了资源的自由流通。因此，我国的社会保障制度进一步加剧了一级和二级劳动力市场之间的隔离。另外，我国国有企业的垄断现象也是导致一级和二级市场严重分割的一个重要因素，比如在电力、烟草、航运、石油、电信、煤矿和金融等多个行业中，某些企业表现出明显的垄断特性。改革开放以后，我国经济逐渐融入国际大循环之中，但是国有经济仍然占据着主导地位。随着市场经济和国有企业体制改革的持续深化，非公有制经济实体开始逐渐崭露头角，并在市场竞争中逐渐显露其影响力。尽管如此，国有企业，特别是那些垄断性的国有企业，依然拥有强大的实力和丰厚的财务资源。在政府的庇护和支持下，它们在多个领域都享有特权。因此，这些行业雇用的员工在学历和能力上都表现得非常出色。这些企业的工作人员一般具有较高的职位声望，而且薪酬待遇非常优厚。他们一旦成为其中一员，不仅可以享受到丰富的福利待遇，还能享受到非常好的工作环境和更多的培训及晋升机会。此外，这些行业还拥有较好的声誉。更为关键的是，他们还拥有与"内部人"相同的权利，这让他们不太愿意辞职。此外，由于垄断性质的存在，国有企业与外资企业之间在工资方面存在着很大差距。现阶段，虽然国有垄断企业的特权正在逐步削减，但这些企业仍然是我国一级劳动力市场的重要参与者。政府部门、事业单位以及其他体制内的部门构成了一个关键的一级劳动力市场的核心。在我国计划经济的背景下，各个单位的性质和管理模式都被明确地划分和分类，这使得政府部门和事业单位相对于其他企业和社会组织拥有更多的优势，因此，大多数劳动者都希望能在这些优势单位找到工作机会。

当前，我国大学生在毕业后的首要选择是成为公务员。这是因为我国长久以来都有"官本位"的观念，即认为担任公共职务能够为家庭带来更多的荣誉和色彩，从而获得更高的社会地位和更多的权利，这也被认为是一种"金饭碗"；再者，公务员的收入属于中上层次，他们得到了相对较高的社会保障，但由于社会统筹的不一致性，这使得他们的退休金明显高于普通的社会劳动者，有些公务员甚至有可能获得如灰色收入、优惠购房等特殊待遇；最后，公务员在工作中表现出高度的稳定性，他们的工作时长是固定的，因此无须额外加班，所以他们所承受的压力也相对较轻。除非出现严重的工作失误，否则他们基本上不会面临失业的危险，但这也可能导致公务员人数过多，工作效率降低。尽管现在的国家正在积极地打击腐败并加强对公务员的管理，这导致了公务员的非工资待遇有所减少，但是公务员辞职的情况并不频繁，即便是那些辞职的公务员，他们仍然在一级市场中寻找工作机会，这与一级和二级劳动力市场的分割特性是一致的。

3. 内、外部分割

在企业的劳动市场里，人力资源管理通常具有其独特的策略和方法，特别是在职位出现空缺的情况下，公司会优先考虑满足其内部员工的需求。按照传统的劳动力市场分割观点，无论是内部还是外部的劳动力市场，都被视为劳动力市场分割中最有代表性且至关重要的部分。实际上，在企业内部，劳动力市场也呈现出显著的差异性。在公司的内部环境中，劳动力市场的运作效率是非常高的。构建这样一个市场不仅能够激发员工的工作热情，还有助于降低运营成本，这一点与企业追求最大化利益的基本原则是完全一致的。然而，在我国的内部劳动力市场中，它并没有有效地激发员工的积极性和降低运营成本。随着我国企业的成长，它们更多地关注资金筹集和市场拓展，但却常常忽略了企业竞争力的核心组成部分，也就是科学合理的管理方式和企业文化的重要性。从某种角度看，我国传统上是将公共关系转化为朋友或家庭关系的，这使得很多公司采纳家长式的管理模式，在内部晋升时会考虑与领导的亲近度，甚至可能涉及帮派关系；从一个不同的视角来看，我国传统文化中普遍存在的平均主义思想导致了企业人力资本所有者难以建立有效的利益激励机制，考核和评价机制的执行也不够完善，同时还出现了严重的资历排序问题。因此，我国很多企业都采用了等级分等的办法来确定不同级别人员之间的收入差距，这种做法使得企业内人际关系趋于紧张化，不利于员工积极性的发挥。受到家长制管理方式和平均主义问题的影响，我国的许多企业并没有形成一个公平的谈判、明确的权利和责任、明确的奖惩制度以及高效的合作管理模式。在那些建立了完善制度的企业里，由于锦标制度的存在，员工为了追求更高的职位晋升和薪资待遇，通常会比其他人付出更多的努力。在那些缺乏高效管理策略的企业里，员工为了追求更高级别的职位晋升，更倾向于深入了解领导的兴趣并赢得他们的信任，而不是更加努力地工作。在我国内部的劳动力市场环境下，劳动力资源的分配并没有完全受到竞争机制的约束和控制。一个企业的内部晋升、组织结构、公司的规章制度以及企业的文化氛围，都会对其特有的人力资源管理方式产生深远的影响。因此,在目前的状况下,企业内部市场在微观层面上的效率激励作用已经显著减弱。这种状况不仅使员工的积极性得不到充分发挥,而且导致大量的无效劳动。事实上,受到按资历来决定辈分的平均主义传统的影响,企业的竞争实力逐渐减弱,增加了更多的闲置员工,这无疑也提高了企业的运营成本。这种现象表明,建立内部劳动力市场运作是一种不可取的选择,从更宏观的角度看,构建内部的劳动力市场是与竞争的核心理念相违背的。由于劳动力市场在内部和外部之间存在隔离,这导致了市场在劳动力资源分配方面的功能被削弱,从而对就业机会、产值、社会公平和人力资源积累产生了明显的负面影响。从劳动力市场的分割视角来看,劳动力市场的非竞争性是对传统理论中工会对劳动力的买方垄断、大公司对劳动力的买方垄断的分析方法的一个重大突破,这样的分析更能贴近在不同经济制度下的劳动力市场的实际情况。

三 人力资本理论

早在两百多年前,一些经济学家便开始探索人力资本的概念。随着时间的推移,人力资本理论在20世纪30年代逐渐确立。古典经济学家们通过对劳动价值理论的阐释,强调了个体劳动在创造财富中的中心地位,同时为早期人力资本概念的奠定提供了重要的理论基础和支持。

(一)早期的个人收入决定与分配理论

1. 人力资本与人力投资的早期思想

威廉·配第(William Petty)被誉为英国古典经济学的开创者,他在经济学领域有着重要的贡献。他被尊称为首位系统性采纳并评估人力资本价值的学者,对人力资本理论演进的贡献堪称深远。在他1676年公开发表的著作《赋税论》中,配第首度阐述了这样的经济学理念:"土地是财富之母,劳动是财富之父",这一观念被视为人力资本理论的先驱[①]。他持有这样的观点：通过教育和培训，人们的劳动技巧可以得到提升。那些拥有高劳动技能的人可以更高效地制造出更多的产品，创造更大的价值，并有能力与那些劳动技能较低的人进行竞争。同时，他的一些观点在现代国家的建设中也起到了不可忽视的作用，例如，他指出一个国家的人口规模和个体健康状况与其经济能力有着密切的联系。因此，他强调需要增加对人口质量的支持，以提升国家在全球范围内的竞争力。在威廉·配第的另一部重要著作《政治算术》中，他巧妙地运用了统计学和数学方法，对经济和价值问题进行了深入的研究和阐释。在这部作品中，配第首次尝试对一个国家的人力价值进行量化评估，这是一个具有开创性的举措。他提出了一个假设，即人的劳动能够提升人力在货币上的价值，并以此作为计算土地价值的前提条件。通过这种方式，配第成功地得出了英国"有生命的资本"的货币价值[②]。此外，威廉·配第强调了教育和培训对于提升个体经济价值的重要性。他主张，通过教育和培训，个体的知识、技能和健康等人力资本因素可以得到提高，从而带来经济增长和个人收入的提高。他对英国农民和海员的周薪进行了详细记录，发现受过专业培训的海员收入明显高于农民。通过这一研究，他得出结论：一名海员的收入实际上相当于三个农民的总和[②]。这一发现表明，教育和培训在提高个体经济价值方面具有重要作用，威廉·配第的观点已经初步展示了人力资本理论的思想萌芽。

亚当·斯密（Adam Smith）作为经济学的主要创始人，在威廉·配第的研究成果基础上对人力资本投资的概念进行了更深入的挖掘和阐述，并首次明确地将人或其能力界定为固定资本。亚当·

---

① [英]威廉·配第：《赋税论》，邱霞、原磊译，华夏出版社 2017 年版，第 37 页。
② [英]威廉·配第：《政治算术》，马妍译，中国社会科学出版社 2010 年版，第 16—28 页。

斯密在经济学领域有着重要的贡献，他继承和发展了威廉·配第的思想，将人力资本投资的概念引入经济学。他认为，人的技能和知识是可以投资的，并且这种投资可以提高人的生产效率和劳动产出。

在他的著作《国富论》里，人力资本这个术语首次被纳入讨论。斯密指出，学生可以通过教育、学校培训以及学徒实践来获得所需的技能，例如通过教育和培训来提升劳动技能，形成固定资本。这些技能对个人和社会都具有重要价值。亚当·斯密对固定资本的概念进行了重要的扩展，将通过学习获得的知识和技能也纳入其中，而不仅仅是传统的机器、建筑物和土地[①]。在斯密的观念中，他认为劳动技能的精通程度和辨别能力，以及生产与非生产劳动人员的比例，对于一个国家的财富增长有着至关重要的影响。他指出，劳动力是推动技术创新和财富增长的重要力量，而提高劳动力的技能和鉴别能力，以及合理配置劳动力资源，是促进国家财富增长的重要途径。

斯密认为，个人对教育和培训的投资是一种理性的投资策略，类似于购买生产设备或其他相关费用的投资，都是基于对未来可能获得的收益的预期。通过教育和培训等形式的投资，可以提高个人的技能和知识水平，从而提高他们在劳动力市场上的竞争力，并获得更高的收益。亚当·斯密的这种投资思想与传统的投资理念形成了鲜明对比。传统的投资理念主要聚焦于物质资本的投资，却忽视了人力资本的关键作用。斯密不仅深刻洞察了人力资本的核心价值，更进一步向国家层面提出了具体的政策建议，包括鼓励、促进，甚至在必要时强制全体国民接受基础教育的措施。[②] 他提出了一种观点，即劳动者的技能会随着专业工作的不断深入而逐渐提高。此外，

---

① [英]亚当·斯密：《国民财富的性质和原因的研究》上卷，郭大力、王亚南译，商务印书馆1972年版，第75页。
② 潘苏楠：《中国人力资本结构高级化对经济发展的影响机理研究》，博士学位论文，吉林大学，2021年。

他还对机械发明的出现做出了详尽的解释，认为这是简化劳动和人力资本应用的重要成果之一。斯密是第一个将人力定义为资本的学者，他的这一创新性观点为构建现代人力资本的理论体系注入了强大的推动力。此外，他还从分工的角度出发，对人类生产能力在经济领域的重要性进行了深入的研究和评价。他认为，专业化分工可以显著提高劳动生产效率，它使得每个个体能够专注于自己的业务领域，从而更充分地发挥个人的天赋和才能。这种专注和专业化不仅可以提升个体的技能水平，也有助于创新和技术的进步。通过这种方式，劳动生产效率得到有效提升，进而推动劳动生产力的最大化增长，实现社会经济的高效发展①。亚当·斯密对人力资本的价值与回报问题进行了深入研究，在分析商品的价值量时，他明确指出，各行各业和各类劳动在复杂性上存在显著的差异，要精通不同职业领域，个体需要投入大量的时间和精力。由于各行各业和各类劳动的复杂性存在显著差异，因此所创造的价值也具有明显的差距。斯密指出，对于那些需要更高技能和更多思考的工作，其产品通常具有更高的价值。他深入探讨了人力资本的差异性，并强调了投入对于人力资本回报的关键作用。此外，斯密还关注了就业性质差异所引发的工资和利润不平等问题。他对此进行了详尽分析，揭示了个人通过人力资本投资能够获得的收益。在这一过程中，斯密提出了几个重要的核心观点，其中包括：工资和职业稳定性之间存在一种反比关系。这一观点意味着，那些更具稳定性和保障性的职业往往工资较低，而那些风险较大、稳定性较差的职业则可能带来更高的工资回报；工资与学习技能的难易程度及学费之间存在正比关系，即学习技能的难度越大、学费越高，个体所获得的工资也会相应提高；工作的愉悦度与薪资呈现出一种复杂的交互关系；工资与获得职业资格的机会呈现出相反的比例变化；薪资与员工所需承担的职

---

① 惠宁、霍丽：《试论人力资本理论的形成及其发展》，《江西社会科学》2008年第3期。

责之间存在一个正向的比例变化。亚当·斯密对人力资本的特征进行了上述的研究，这些研究为理解人力资本的性质和作用提供了重要的理论基础，并为未来的发展奠定了坚实的基础。

亚当·斯密后，约翰·穆勒（John Mueller）、让·巴蒂斯特·萨伊（Jean Baptiste Say）和李斯特（Liszt）等学者也对人力资本的相关理论和内涵进行了深入的研究。约翰·穆勒在其研究中超越了传统理论的框架，明确指出货币或贵重金属作为衡量财富的唯一标准是存在局限性的。相反，他将人的能力视为构建国家财富的核心要素。穆勒强调技术人员的专业技能和知识作为国家财富的重要组成部分，与各种工具和设备具有同等重要的地位。与此同时，他强调技能和知识也能积极推动劳动生产率的不断提高。让·巴蒂斯特·萨伊是斯密学说和李嘉图古典经济学派之后涌现出的一位杰出的经济学家。他不仅承袭了斯密的思想精髓，更在此基础上，从崭新的视角出发，对人力资本的定义及其投资问题进行了深刻的挖掘与探讨。萨伊强调，通过系统的教育和专业的培训所习得的技能，能为生产活动带来显著的实际效益，因此这些技能应被视为一种具有真实价值的资本。同时，他也指出，教育作为一种重要的资本形式，在其从初步投资到最终转化为资本的全过程中，都必须有长期且大规模的资金支持作为保障。因此，这方面的投资必须得到相应的费用补偿，他将劳动者的薪酬结构划分为两个主要部分。首先，劳动者通常获得的报酬被定义为"工资"。其次，除了"工资"，劳动者还应获得作为"资本的利息"即"剩余"的额外补偿。这种划分强调了劳动者在生产过程中所发挥的关键作用[1]。此外，萨伊强调人的能力在国家财富构成中扮演着关键的角色。基于这一点，提出了一系列重要观点。对于那些需要高等教育培训的岗位，应当给予

---

[1] 潘苏楠：《中国人力资本结构高级化对经济发展的影响机理研究》，博士学位论文，吉林大学，2021 年。

更高的薪酬，因为这些岗位对员工的知识和技能要求更高，需要员工具备更多的经验和技能。同时，健康因素在人力资本中具有重要的地位，这导致了其利息率与普通金融资本存在区别，通常要高于后者。教育投资与培训的关键性也不容忽视，因为它们直接对个体的知识和技能产生影响。若教育投资缺乏持续性，人们的技能发展可能停滞，甚至可能引发社会的衰退。在《政治经济学的国民体系》中，李斯特强调了教育支出在国家经济中所应发挥的关键作用。他主张增加对下一代的教育的投入，深信这将有益于提高未来国家的生产力，并进一步推动经济的持续发展。此外，李斯特还倡导将教师纳入生产者的行列，因为他们有能力培养和教导未来的生产者。通过加大对教育的投入，可以为国家培养更多具备高素质和技能的人才，从而推动国家的经济发展。

尽管卡尔·马克思（Karl Marx）并未明确提出人力资本的概念，但他在其经典之作《资本论》中，对劳动力商品理论与剩余价值理论的详尽探讨，无疑为后来人力资本理论的形成与演进提供了坚实的理论依据和阐释框架。在《1857—1858年经济学手稿》中，马克思清晰地界定了"劳动"与"劳动力"之间的差异，这一点对于理解政治经济学具有至关重要的意义。他首次用"劳动"一词来替代了"劳动力"，强调了劳动力的应用过程，其中涵盖了劳动者本身的能力、精力和力量的总和。这一概念对于理解政治经济学中劳动力市场和工资决定等问题具有重要意义。马克思的研究从根本上摒弃了传统的同质劳动假设，转而以异质性为视角，强调了不同质量劳动力在价值形成过程中的独特贡献。他详细分析了简单劳动力和复杂劳动力的作用机制。简单劳动力所需的教育和时间成本较低，因此其创造的价值有限，通常被用作商品价值计量的基准单位。相比之下，复杂劳动力需要更多的教育和时间投入，因此能够创造更高的价值，展现出更为高级的劳动力特性。其次，他强调劳动力商品的独特性质，主要体现在两方面：其价值和使用价值。站在劳动价值的角度，他指出：劳动者的固有价值是由其劳动时长所决定的。当劳动力具备了充分的生存资源时，他们才能充满活力地开展自身的生产活动，同时确保与子女的亲代关系得到维系。马克思提出，提高劳动力的生产能力需要增加教育和培训的投入，以提升劳动者的专业技能。以劳动者的生产价值为出发点，为实现生产目标并最大化生产价值，劳动者需与其他生产资料协同合作。为达成此目标，劳动者和资本家之间需要达成一项协议。根据该协议，劳动者将他们的劳动力使用权转让给资本家，并借助资本家的支持和生产资料的结合，发挥他们的劳动能力，创造更多的价值。这种合作关系是实现生产目标的重要途径之一。如果劳动力未能成功销售，那么这对工人的个人价值实质上将是无效的。马克思进一步指出，在生产过程中，资本家支付给劳动者的工资报酬实际上等于劳动者为购买生活必需品所支付的价格。这种交换仅涉及单纯的价值观念交换，并不会导致价值发生改变。然而，在市场流通环节，若产品售价超出其实际价值，劳动者所得的报酬往往仅限于与其劳动力价值相当的部分，而资本家却独揽了生产过程中劳动者所创造的额外价值[1]。

阿弗里德·马歇尔（Alfred Marshall），作为英国古典经济学的传承者与创新者，在吸取前人研究成果的基础上，为人类能力在生产活动中的作用赋予了新的诠释。他在1890年所著的《经济学原理》中明确指出，人类的才能与资本等同，是生产中不可或缺的要素。马歇尔进一步将人的能力细化为"通用能力"与"特殊能力"两类。其中，通用能力指代劳动者普遍拥有的知识和智慧，而特殊

---

[1] 惠宁、白永秀：《人才资源是第一资源：资本理论演变的新趋势》，《学术月刊》2005年第3期。

能力则强调劳动者在具体任务执行中所表现出的体能和技能的熟练度①。随着工业技术日新月异的发展，马歇尔敏锐地观察到，体力劳动逐渐被自动化和机械化取代。在生产过程中，"通用能力"将变得越来越重要。这意味着劳动者需要具备更广泛的技能和知识，以适应不断变化的工作环境，因此，他强调了"对人的投资是最有价值的资本"这一观点，主张将教育看作国家的重要投资。一方面他指出，教育能够激发人们的智慧，并有助于提升劳动者的技术水平和增加就业的可能性；另一方面，从经济学视角出发，马歇尔运用替代原理对工厂在选择投资对象时的经济价值差异进行了深入分析。他也对企业家的独特特征进行了探讨，指出企业家通常具备两个关键特质：作为生产组织者，他们需深谙所在行业的物质资源；雇主必须具备独特的领导能力，这使得资本更有可能流向那些善于运用资本的人。因此，企业家应被视为生产要素的一部分。然而，他反对将人力资源视为资本，并主张人类不应该被买卖，这种观点与市场现实脱节，导致他并未将"人力资本"纳入财富和资本的定义②。

2. 个人收入决定与分配的思想

在经济学领域，研究人力资本如何影响劳动者收入是一个重要的核心议题。

亚当·斯密，古典政治经济学领域的杰出专家，通过提出"第四种固定资本"的观点，为研究人力资本以及其对收入的影响开创了新的视角。在他的论述中，斯密明确强调"学习一种才能，需要接受教育，需要进入学校，需要经历学徒阶段，这些都需要花费不少的费用……但是，这些花费都是值得的，因为这些投入都是必要

---

① 段钢：《人力资本理论研究综述》，《中国人才》2003年第5期。
② 陈彩：《EVA视角下高新技术企业核心研发人员人力资本产权激励机制研究》，硕士学位论文，西安电子科技大学，2011年。

的，因为它们有望带来回报，产生利润"。这一观点强调了人力资本投资的重要性，也揭示了劳动者在提高自身技能和知识水平后可以获得的收益。

在早期人力资本理论的研究中，舒尔茨（Schultz）强调了人力资本投资的重要性，并总结了四个关键因素，即教育、培训、健康和迁徙，对此进行了翔实的阐述。丹尼森（Dennison）等学者深入研究了教育、培训等人力资本投资对经济增长的实际影响。他们发现，1929年至1957年，美国的经济增长中约有五分之一是由教育投资推动的。这一发现为人力资本理论提供了有力的支持。之后经诺贝尔经济学奖得主贝克尔（Becker）和明瑟（Mincer）等对人力资本理论进行了深入的研究和拓展，构建相对完善的理论框架，这就是我们通常所说的传统人力资本理论。在传统的人力资本理论框架中，学者们不仅关注教育方面的研究，同时对培训也给予了同样的重视，并将其视为人力资本投资的重要途径。贝克尔认为，教育和培训在人力资本投资中占据重要地位。培训是劳动者进入劳动力市场后提升人力资本的主要方式，对个体收入产生显著影响。多项研究显示，培训对劳动者收入具有积极的推动作用。然而，由于培训形成的工作经验和技能难以准确衡量，学者们常采用培训时长或培训次数作为替代变量，以明瑟为例，他在收入方程中将工作经验（如工龄）视为工作后人力资本的重要组成部分，并对其收入效应进行了精确评估。

除了教育和培训，学者们还进一步研究了诸如健康和迁移等人力资本要素如何影响劳动者的收入。舒尔茨在构建人力资本理论时，强调了医疗保健等投资在个人人力资本积累过程中的关键作用，并将健康状况视为个人人力资本的核心要素。1993年，《世界发展报告》由世界银行发布，其中强调了良好的健康状况对于提升个体劳动生产率和推动地区经济增长的重要性。健康状况不仅直接关系到个体的劳动生产率①，还可能通过影响就业和教育等方面，对个体的收入水平产生间接影响。Smith 开展了一项研究，他利用对美国青少年健康状况的追踪调查数据进行分析，结果显示，儿童的健康状况会对他们成年后的经济社会表现产生深远影响。此外，对个体兄弟姐妹的对比研究结果也进一步支持了这一结论，通过对个体兄弟姐妹数据的研究，他发现，健康状况对于个体的职业发展、收入水平以及社会地位都产生着深远的影响。儿童时期的健康状况，似乎预示着个体成年后的经济社会表现。

迁徙在舒尔茨的人力资本理论中占据了不可忽视的地位，然而，目前学术界对此领域的研究还存在一定的欠缺。通常来说，个体人力资本在迁徙过程中的提升主要表现在两个方面。首先，劳动者在迁徙过程中有望提高自身的职业技能水平，迁徙使他们有机会接触到更广泛的工作信息和培训机会，从而获取更为对称的信息和工作岗位。这有助于他们积累丰富的工作经验和提升自身的人力资本。其次，迁徙能够实现劳动价值的转化，为劳动者带来积极影响。在劳动力市场上，由于信息不完全，劳动者可能面临歧视和不公平对待。然而，通过迁徙，劳动者有机会获取更适合的职位，实现自身价值的途径也更为顺畅，他们能够更好地展示自己的能力和技能，从而获得更好的工资水平。因此，迁徙为劳动者提供了一种有效的途径，来纠正市场上的不平等和实现自身价值的最大化②。例如，Leach 的研究结果显示，迁徙对劳动者的收入水平具有显著影响，而劳动者收入差异的关键因素之一是不同地区间的技能水平差异。

（二）当代人力资本理论及衍生

1. 现代人力资本理论的确立

自"二战"结束以来，西方国家的社会经济经历了长达十几年

---

① 李亚慧、刘华：《健康人力资本研究文献综述》，《生产力研究》2009 年第 20 期。
② Knight J., Deng Q., Li S., "The Puzzle of Migrant Labour Shortage and Rural Labour Surplus in China", *China Economic Review*, Vol. 22, No. 4, 2011, pp. 585-600.

的迅速发展。经济增长问题为经济学家所热衷，他们构建了众多的经济增长模型。在研究美国经济数据的增长核算时，他们发现了大量的增长"余值"。为了解决"美国经济增长之谜"，经济学家们展开了广泛的探讨，提出了如"技术进步"（Solow）和"全要素生产率"（Jorgenson）等理论。但这些理论都未能深入剖析要素生产率变动的根本原因。当传统经济学理论难以解释经济增长现象时，劳动力的异质性问题开始受到经济学家的关注。在此背景下，人力资本理论应运而生，为解释美国经济增长提供了新的视角。舒尔茨教授，被誉为"人力资本理论之父"，指出考虑人力投资可以解开与动态经济增长相关的众多经济难题。他认为，通过教育和培训，劳动力可以提高其生产力。经济增长的关键在于我们自己，因为传统的资本和劳动衡量方法未充分考虑资源质量的提升。受此启发，舒尔茨开始深入研究人的投资理论和人力资本理论。在20世纪50—60年代，他发表了多篇论文，详细探讨了人力资本的概念、性质、投资方式及其对经济增长的影响。1960年，在美国经济学年会上，他的主题演讲《人力资本投资》引起了学术界的广泛关注，推动了现代人力资本理论的深入研究。舒尔茨从人力资本投资的角度分析了影响人力资本的四个主要因素：教育、培训、健康和迁徙。通过考虑这些方面的投资，准确地衡量人力资本的存量。

舒尔茨和明瑟的研究具有不同的侧重点和贡献。舒尔茨主要从解释美国经济增长的角度深入挖掘了人力资本理论，而明瑟则侧重于从收入分配的角度来探讨这一理论。经济增长和收入分配无疑是人力资本理论研究中最重要的两个方面。明瑟博士在其博士论文《个人收入分配研究》中，通过实证研究发现，受教育程度与个体的收入水平之间存在明显的正相关关系。他还进一步探讨了不同劳动力质量与其收入差异之间的联系。明瑟的研究证实了受教育程度、劳动力质量和收入水平之间的正相关关系，从而强调了教育在提高个人收入和减少收入差距中的关键作用。此后，明瑟继续深化了他在人力资本对收入分配影响方面的研究，并发表了多篇学术论文。他系统地研究了人力资本投资与收入分配效应之间的关系。明瑟提出的"明瑟收入方程"现已被学术界广泛接受，并成为研究微观收入问题的主流模型。

舒尔茨和明瑟的深入研究，为现代人力资本理论奠定了坚实基础。贝克尔在已有框架下，进一步深化了人力资本理论的研究，不仅局限于经济增长和收入分配的影响，而且深入探索其更深层的含义。他从家庭经济学的视角出发，运用新古典经济学的利润最大化原理，构建了详尽的人力资本投资均衡模型，全面探讨了人力资本投资及其形成过程。贝克尔对微观时间价值分配和人力资本投资进行了精确的定义，使得人力资本理论更加符合现代微观计量经济学的研究模式。贝克尔在人力资本领域的研究贡献突出，他的研究标志着现代人力资本理论的基本形成。

2. "新"人力资本理论

传统的人力资本理论在理论和实证方面均遭遇了难题，这推动了学者们探索新的研究路径。鲍尔斯（Bowles）和金蒂斯（Gintis），两位美国著名的教育经济学家，在1976年出版了著作 *Schooling in Capitalist America*。此书明确提出了一个观点，即个人的进取心、责任心等性格特质对其收入水平具有显著影响。然而，受限于当时的测量技术水平，相关的深入研究并未得以开展。

借助现代心理学的先进技术，鲍尔斯和金蒂斯对这类个性特质在经济学上的影响进行了更深入的研究。他们指出，科技的进步或经济的变动有可能导致非均衡的经济租金产生。在这种情况下，一些与生产技能无关的非认知能力，如个人的某些性格特质，可能会得到经济上的回报。这进一步强调了非认知能力对收入的重要影响。因此，他们将这些个人的非认知特征称为"激励性偏好"。鲍尔斯和金蒂斯是首批提出非认知能力概念的学者之一,他们的观点对于"新"人力资本理论的诞生起到了推动作用。

在传统的人力资本理论中,人们通常关注的是个体的知识、技能和经验等认知能力对经济增长和收入分配的影响。然而,鲍尔斯和金蒂斯的观点提醒,除了认知能力,个体的非认知能力(如个性特征)也对经济增长和收入分配产生重要影响。这为现代人力资本理论的发展提供了新的思路和方法。

通过将非认知能力纳入研究范畴,现代人力资本理论进一步拓展了人力资本的概念和范围。越来越多的学者开始关注非认知能力的重要性,并对其进行深入研究和探讨。这些研究不仅丰富了人力资本理论的内容,也为政府制定更加全面、有效的人力资本政策提供了科学依据。

人力资本所涵盖的内容非常丰富。传统的人力资本理论为了与现代计量经济学的需求相适应,进行了重新分类,主要包括教育、工作经验、健康和迁徙等四个要素。然而,相比之下,"新"人力资本理论更加注重能力这一核心概念的重要性。这种理论框架下,强调了个体的潜在能力如何塑造其在劳动市场上的表现。

这种相互关系的理解有助于深化对人力资本形成机制的认识。例如,工作经验的积累可能会提高个体的非认知能力,而个体的非认知能力也会影响其工作经验的获取和表现[①]。

3. 人力资本投资收益分析

明瑟收入方程(Mincer Income Equation)是美国经济学家 Jacob Mincer 在 1974 年提出的,是一种用于估算教育收益率和人力资本投资对个人收入影响的统计模型。该方程基于个体接受的教育和工作经验等人力资本投入,预测其劳动力市场的回报。明瑟收入方程的

---

① 尹振宇:《人力资本视角下劳动者认知与非认知能力的收入效应研究》,博士学位论文,首都经济贸易大学,2020年。

一般形式如下：

$$\ln(y) = f_{(Sch,\ Exper,\ X,\ \varepsilon)} \qquad (2-1)$$

在式（2-1）中，其中，ln（y）是个体收入的自然对数；Sch 是个体接受的教育水平，通常用受教育年数来表示；Exper 是个体的工作经验，通常用工作年数来表示；X 表示其他控制变量，如性别、婚姻、职业等；ε 是误差项。明瑟指出，人力资本投资的增加会导致收入呈现出指数型增长趋势。换言之，当人们接受更多的教育、积累更多的工作经验等人力资本投入时，他们的收入将以一种按比例的方式增长，而且这种增长是指数级的。在实际应用中，通常采用明瑟方程的线性形式来描述这种关系：

$$\ln(y) = \alpha_0 + \alpha_1 Sch + \alpha_2 Exper + \alpha_3 Exper^2 + \sum \alpha_i X + \varepsilon \qquad (2-2)$$

在式（2-2）中，工作经验变量的平方代表了工作经验对收入的影响存在一个峰值。当工作经验达到这个峰值后，收入会开始呈现减少的趋势。这种倒"U"形的变化趋势显示了随着年龄的增长，收入在初期会增加，但到达某个点后，收入会逐渐减少。这种变化趋势反映了人力资本的有限性以及市场动态的变化[1]。

为了全面分析人力资本投资对收入的影响，明瑟还将对教育投资的研究引入劳动者职业培训领域。明瑟认为，劳动者的工作经验积累和专业技能提高不仅来自专业化的劳动培训项目，也会随着年龄的增加而增加并产生累积效应。也就是说职业培训是年龄的增函数。基于上述逻辑和借鉴教育投资的相关研究，就可以推导出如下结论：拥有专业技能劳动者的收入水平在其整个生命周期内会随着年龄的增加而发生变化，并非保持不变。具体的演变趋势可以分为三个阶段：第一阶段，随着劳动者年龄的增加，其工作经验和专业

---

[1] 丁志慧：《中国农村居民贫困多代际传递研究》，博士学位论文，中南财经政法大学，2019 年。

技能会在同一行业得以深化，或者在通过"干中学"得以拓展，也就意味着劳动者的收入水平和就业机会会随着年龄的变化而增长；第二阶段，随着劳动者年龄的增加，其劳动能力和强度开始下滑，或者是其专业技能的更新速度赶不上劳动市场的需要，其收入水平增速减缓甚至保持不变；第三阶段，随着劳动力人力资本折旧或老化现象越来越严重，或者达到退休年龄，那么劳动者就会逐步退出劳动市场，其收入水平随着年龄的增加快速下降。劳动者收入与年龄的关系表现为倒"U"形曲线形态①。

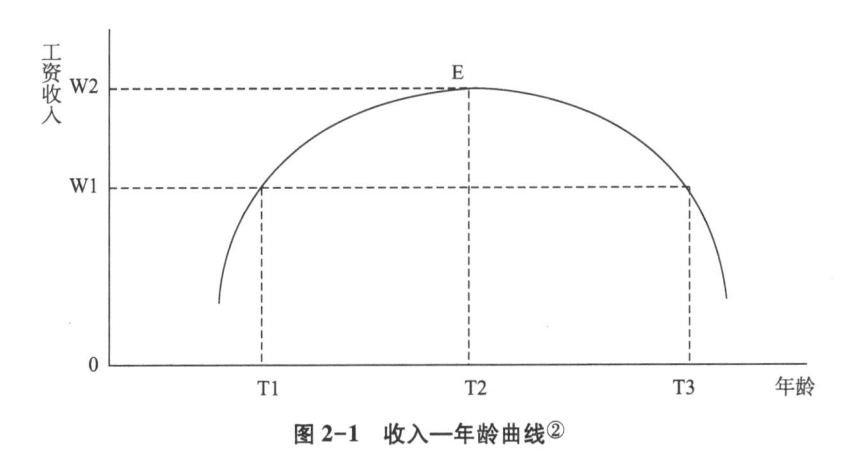

图 2-1　收入—年龄曲线②

但是需要强调的是，虽然劳动者工资收入水平工龄呈现倒"U"形，但其型态和趋势会因劳动者受教育程度和就业岗位的不同而有所差异。主要表现在以下几个方面：第一，劳动者在不同行业和岗位的技术要求下，工资水平的变化趋势也会有所不同。一般来说，如果劳动者所处的行业或岗位要求较高的技术水平，那么他们的工资水平可能会保持较长时间的高水平；反之，如果劳动者所处的行业或岗位要求较低的技术水平，那么他们的工资水平下降趋势可能

---

① 单铁成：《人力资本投资对农户相对贫困的影响研究》，博士学位论文，中南财经政法大学，2022 年。
② 图片来源：作者自制。本书若无特殊说明，均为作者自制。

会较早出现；第二，教育程度对劳动者的工资水平也有着重要影响。教育程度较高的劳动者，由于拥有更多的知识和技能，往往能够在较高水平的工资上保持更长时间；而教育程度较低的劳动者，由于知识和技能的欠缺，其工资水平下降趋势可能会较早出现；第三，从职业培训视角看，当劳动者职业等级越高，其受教育程度也就越高，那么，在其信息、资源和自我学习能力影响下，职业培训影响收入的边际效应越大，那么收入—年龄曲线变化趋势更急促，形态更陡峭；相反，当劳动者职业等级越低，所要求的教育程度也越低，职业培训对劳动者收入影响的边际效应越小。

第三章　改革开放以来的人口流动政策和户籍制度变迁

改革开放以来，随着工业化和城镇化的快速推进，我国劳动力市场在渐进式改革过程中不断发育，对劳动力的流动和收入分配产生了深远的影响。首先，从劳动力资源配置的角度来看，人口流动政策和户籍制度改革使限制劳动力流动的政策和制度逐步得到清理，劳动力能够通过自由流动获得更多的就业机会，实现收入水平的提升。其次，在就业进入和工资决定中，制度因素逐渐弱化，市场机制的作用越来越大，群体间收入差距的形成机制发生了明显的变化。最后，与户籍相关的社会保障制度改革，推进了不同户籍、不同区域的劳动力的社会保障权益逐步一体化和均等化，从而提高了流动人口在流入地的生存和发展能力。

第一节　改革开放以来的人口流动政策变迁

改革开放以来，我国流动人口管理和服务政策改革的主要方向是减少劳动力流动的障碍，赋予流动人口更多的就业选择。纵观流动人口政策的演变过程，根据我国城市劳动力市场的供求关系和执政理念的变化，我国的流动人口政策经历了三个阶段：逐步放开阶段、公平理念的提出及贯彻阶段、全面推进市民化阶段，流动人口政策和服务的完善使共享经济发展成果的理念深入人心。

一 第一阶段（1984—2000年）：逐步放开阶段

在改革开放初期，人口流动成为经济体制改革的必然产物，农村联产承包责任制的推行为农民从土地中解放出来并成为农村剩余劳动力创造了条件，与此同时，乡镇经济的蓬勃发展也吸引大量的农村劳动力转向城镇务工经商。在上述因素的推力和拉力作用下，我国城乡隔离的流动人口政策开始松动，放宽了农村人口进入城市的限制。1984年，国家制定并颁布了《关于农民进入集镇落户问题的通知》，允许农民可以自理口粮到集镇务工、经商。这有力地推动了劳动力的乡城流动，我国农村剩余劳动力的规模逐渐壮大，对我国乡镇经济的发展产生了重要的促进作用。

尽管农村剩余劳动力在政策引导下开始突破城乡隔离，但随着1988年经济过热引发的严重的通货膨胀问题，中央为了整顿经济，采取压缩基本建设投资规模、控制财税和信贷等一系列的经济措施，许多基建项目停建，企业也面临开工不足的问题，经济发展速度放缓，劳动力市场就业形势变差。在此背景下，为了缓解城市的就业压力，政府对前期实行的农村劳动力流动政策进行了调整，通过政策调控限制农村劳动力向城市流动，强调农村剩余劳动力的流动采取"离土不离乡"、本地就业的方式。

从实施效果来看，流动人口调控政策确实抑制了农村剩余劳动力的大规模流动，在一定程度上限制了城市劳动力的规模。但是，流动人口回落的持续时间很短，随着我国市场经济的快速发展，城镇化进程快速推进，劳动力作为重要的生产要素在劳动力市场中表现得更为活跃，劳动力流动的规模、速度变得势不可当，20世纪90年代初期出现了"民工潮"。面对这样的现实，政府部门开始反思：通过行政政策已不能有效控制农村劳动力的流动，必须创新流动人口的管理理念和手段，才能从根本上解决流动人口管理产生的一系列经济和社会问题。在此背景下,以人为本、促进融合的流动人口管理理念成为流动人口政策改革的必然趋势。

二 第二阶段(2000—2010年):公平理念的提出及贯彻阶段

21世纪以来,我国经济发展水平快速提高,社会经济发展注重效率的同时开始关注公平,随着农村劳动力对我国社会经济发展的促进作用得到国家和社会的认可,农村劳动力在城市的就业环境有了明显的改善,社会各界对进城务工农民的思想观念和态度也发生了变化,流动人口的就业管理和服务政策也随之发生积极的改变。2000年7月,国家七部委联合牵头试行城乡统筹就业,《国民经济和社会发展"十五"计划纲要》提出"逐步建立市场经济体制下的新型城乡关系",各项政策旨在打破阻碍劳动力流动的城乡分割制度和户籍制度,消除乡城流动的制度性障碍,引导农村劳动力在城乡、地区之间自由流动。2003年1月,《国务院办公厅关于做好农民进城务工就业管理和服务工作的通知》明确指出,农民工在我国经济发展中的巨大贡献,并提出解决农民工面临的就业歧视现象,包括取消农民工在劳动力市场的职业工种限制,禁止干涉企业自主合法地雇用农民工。2006年1月,《国务院关于解决农民工问题的若干意见》提出,"公平对待、一视同仁"对待农民工的基本原则。该政策对改善农民工在城市劳动力的就业状况影响深远,推动形成了全社会关心和支持农民工进城务工的良好氛围。

这一时期,政府层面致力于放松农民工进城的政策限制,并针对人口流动的不同阶段,建立和完善针对农民工的各种公共政策服务和社会保护。一是取消限制流动人口的不合理的管理政策,将农民工群体纳入城市的公共就业服务体系,逐步建立统一的劳动力市场。2003年发布的《2003—2010年全国农民工培训规划》规定,中央和地方财政为农民工提供就业培训专项经费,以提高农民工的就业能力。二是从公平视角完善农民工群体的社会保护政策，积极推进户籍、就业、教育、社会保障等多方面的配套改革，推进流动人口的市民化进程。针对农民工的流动特点，流入地政府开始制定适应农民工群体的各项社会保险政策，虽然政策在实施过程中存在较多问题，覆盖率和保障水平都不够高，但为后续农民工社会保护政策的制定和完善提供了宝贵的实践经验。这一时期，政府开始全面实施最低工资制度，有效地维护了农民工在城市劳动力市场的就业权益，并且针对各界关注的农民工工资拖欠问题，政府提出了严格的专项治理措施，推动构建了农民工在城市劳动力市场的社会保护体系。随着针对农民工的各项就业服务政策和社会保护政策的出台和实施，为农民工群体营造了前所未有的平等就业环境，劳动力流动的规模也快速扩大。

三　第三阶段（2011年至今）：全面推进市民化阶段

这个时期，人口流动发展到家庭化迁移阶段，流动人口在流入地的就业和居住情况趋于稳定，呈现"流动人口不流动"的特征。流动人口的规模、结构、流动特征、就业特征不断演化，在城市的诉求也发生了深刻的变化，越来越多的流动人口尤其是新生代农民工的市民化意愿强烈，提高流动人口的社会融合成为未来流动人口政策改革清晰的目标。因此，一系列配套措施相继出台，主要包括流动人口落户政策和公共服务均等化政策，地方政府也相应地进行了流动人口的服务和管理体制改革。2011年3月发布的"十二五"规划纲要指出：户籍制度是流动人口服务与管理政策改革的关键。2012年11月，党的十八大报告明确提出要大力推进农业转移人口的市民化、户籍制度改革，实现基本公共服务常住人口的全覆盖。2014年，中共中央、国务院发布《国家新型城镇化规划（2014—2020年）》，随后国务院颁布了《关于进一步做好为农民工服务工作的意见》和《关于进一步推进户籍制度改革的意见》，以上文件的发布使流动人口管理的政策走向越发清晰,政策的实施大大提高了流动人口的获得感和幸福感。党的十九大报告着重强调消除阻碍人口流动的制度障碍,鼓励稳定就业和稳定居住的流动人口实现有序市民化,完善覆盖常住人口的公共服务体系,让流动人口享有通过劳动获得自我发展的机会,推动城乡发展一体化发展。

四 我国人口流动政策改革的特点与效应分析

根据工业化进程中人口迁移的演变规律,人口流动在不同的迁移阶段会呈现不同的流动特征和流动趋势,这为政府制定前瞻性的人口流动政策提供了重要的理论依据。纵观我国改革开放以来人口流动政策的演化过程,政府对我国流动人口问题的认识轨迹具有曲折前进的特点,经历了逐步放开、公平理念的提出及贯彻、全面推进市民化三个不同阶段,人口流动政策改革使流动人口尤其是以农民工为主的乡城流动人口在城市中的角色发生了质的变化。即从定位盲目流动到管理与服务并重的有序流动,再到全面市民化的社会融合阶段,政策的演进清晰而稳健。

我国改革开放以来的人口流动政策演变,反映了其作为重要的政策工具服务于国家经济发展战略的历程。改革开放初期,我国经济的快速发展产生了大量劳动力需求,政府认识到农村剩余劳动对我国经济发展的重要性。这一时期,政府开始制定一系列引导劳动力流动的社会政策,放松人口流动的制度限制。但是,这阶段的流动人口政策对人口流动的管理还具有较强的限制性,政策改革的初衷主要是服务城市经济发展,维护城市居民的利益,而非对农民工的贡献和自身的权益保障的重视,农民工在城市劳动力市场中的工资、就业环境、社会保障等就业权益保障未纳入政策视野。进入21世纪,进城务工人员尤其是新生代农民工市民化的意愿越来越强烈,各级政府对流动人口的管理理念由过去的疏导和控制转变为管理和服务，开始关注农民工的就业、社会保障、子女教育等权益问题。针对进城务工人员的流动特点，中央和各地政府开始进行公共服务、社会保障等各项政策调整，建立和完善适应人口流动的社会保障政策和公共服务政策，这些政策的落实使大部分流动人口享受到了均等的公共服务。但是，由于我国城市存在明显的福利差异，各地政策改革的力度和进程存在较大差别。就目前情况来看，落户地区大部分为中等城市、小城市和建制镇，有条件的农业转移人口实现了市民化，全面享受到了与户籍人口均等的公共服务和社会福利，对于未落户的群体，政府也通过输入地的流动人口管理和服务政策改革，逐步将基本公共服务对象由户籍人口向常住人口覆盖，达到基本公共服务均等化的政策目标。但是，在大城市和超大城市，与户籍相关联的社会福利水平较高，出于城市承载力的考虑，落户门槛较高，导致绝大多数流动人口享受不到当地的公共服务和社会福利。

第二节　改革开放以来的户籍制度变迁

由于我国的户籍制度改革的动力主要源于市场经济体制改革，因此，户籍制度改革的历程伴随着我国经济体制从计划经济向市场经济转型，这也是人口流动管理改革从严格限制户籍到逐步放宽的过程。这个时期的户籍制度改革的目标具体包括三方面。一是实现劳动力空间上的自由流动。即以劳动力资源市场化配置为导向，引导劳动力资源在区域间、产业间合理流动，提高劳动力资源的使用效率，促进经济的快速发展和产业转型；二是促进人口的社会流动。构建劳动力资源的市场化流动机制，提高劳动力的收入水平，降低群体间的收入差距，同时，构建公共服务和社会福利均等化的政策体系，使所有劳动力都有机会实现社会分层的向上流动；三是还原户籍制度的本来功能，逐渐剥离户籍上附着各类公共服务和社会福利权利,还原户籍制度本来的人口登记和身份确认的功能。

一 1978—1992年:二元户籍制度松动阶段

随着改革开放战略的确定,我国的城乡经济结构随之发生了深刻的变化,一方面,农村实行家庭联产承包责任制,农业生产效率大大提高,农村出现大量的剩余劳动力,产生了劳动力流动的推力;另一方面,在城市劳动力市场,随着市场经济的快速发展,企业的劳动力需求快速增长,形成对农村劳动力流动的吸力。在两种力量的共同作用下,大量的农村剩余劳动力为了获得较高的收入,具有强烈的外出务工意愿,以上环境的变化推动户籍政策的管理思路从"堵"向"疏"转变。1984年,政府颁布了《国务院关于农民进入集镇落户问题的通知》,严格限制农村人口流动的户籍制度开始松动,公安部于1985年发布《关于城镇暂住人口管理的规定》,两个文件的出台使农村劳动力开始突破户籍制度的严格限制,保证在流入地长期居住的合法性。

但是,作为一项新的制度改革,大规模的劳动力流动对农产品的供给影响具有较强的不确定性,同时城市人口的快速扩张可能引发的社会问题和城市贫民问题,以上担忧成为中央和各级城市政府进行户籍政策改革的阻力。在以上背景下,有限的户籍管理松动并未使户籍制度产生根本性的变化,户籍制度的职能仍然是保护城市劳动者获得优先的就业机会,同时将农村务工人员排斥在城市社会福利之外。因此,这一阶段开始的户籍制度改革还是在计划经济体制框架下进行的,更多是迫于农村劳动力流动的形势而进行的妥协式变革和局部性调整,并未从实质上改变居民的身份差异、公共服务和社会福利的城乡隔离。因此,这个时期的户籍制度改革更多是计划经济框架内的政策松动和局部调整[1]。

---

[1] 蔡昉:《户籍制度改革与城乡社会福利制度统筹》,《经济学动态》2010年第12期。

二 1992—2002年：二元户籍制度有限突破阶段

20世纪90年代，我国改革开放的步伐明显加快，市场经济发展进入了崭新的时期，户籍制度对社会福利和权益的保护作用呈现弱化的趋势，尤其是粮油市场的放开，商品供应制度对城市居民的生活保障作用不复存在，以此为依据划分户籍身份的意义消失，特别是小城镇，非农户口的户籍权益明显减少，户籍对劳动流动的制度性制约也大大降低，减少了劳动力市场快速发育的制度障碍。

随着市场经济的快速发展，东南沿海地区外向型经济的发展对农村劳动力产生了巨大的需求，由此形成大规模的劳动力流动现象。政府顺应劳动力市场的趋势，对影响劳动力流动的制度障碍进行了深入的改革和调整，使我国的户籍制度改革有了实质性的突破，尤其是1997年国务院批转了《公安部小城镇户籍管理制度改革试点方案和完善农村户籍管理制度意见的通知》，户籍管理制度改革首先在小城镇全面推开，要求在对大中城市的人口规模继续严格控制的同时，全面推进小城镇的户籍制度改革，在县镇先行开展两年的改革试点，然后再分期、分批推行。具体的内容是，在小城镇有合法稳定的非农就业或者有稳定生活来源，并且合法居住满两年的流动人口，可以办理城镇常住户口。此次户籍制度改革最大的突破是一些省份引入蓝印户口，允许向满足条件的外来人员发放蓝印户口，并收取一定费用，有的地区也可以通过在当地购买商品房或办企业为条件发放蓝印户口。

此阶段的户籍制度改革使长期严格控制的户籍迁移有所松动，成为劳动力市场化改革的重要部分，为劳动力市场的发育创造了新空间。但是，这阶段正处于农村剩余劳动力无限供给的二元经济发展阶段，担忧大规模农民工流入会挤压城市本地居民的就业机会，户籍改革主要局限在区县级城市以及小城镇，大中城市的落户门槛依然很高，没有打破城乡隔离的二元福利体系，社会福利仍有明显的户籍差异①。

三 2002—2012 年：基本公共服务均等化阶段

这一阶段，随着我国市场经济制度的逐步完善，阻碍农村劳动力流动的一系列制度壁垒基本消除，构建城乡统一的劳动力市场的阶段性目标基本实现，与此同时，农民工尤其是新生代农民工越来越具有就业、社会保障方面的平权意识。在此背景下，这一阶段户籍制度改革重点从促进劳动力自由流动向基本公共服务均等化转变。

2004 年党的十六届四中全会提出了实现城乡公共服务均等化的政策方向，2007 年党的十七大指出要加快构建城乡居民全覆盖的社会保障体系，以上举措为剥离附着在户籍上的社会福利、实现统筹城乡的户籍管理制度奠定了基础。在本阶段，大部分地区都进行了户籍制度改革，从改革成效来看，改革的效果取决于附着户籍上的社会福利的剥离程度。从总体上看，在小城镇，尽管大部分小城镇放开了户籍管制，但是与农村户籍的福利相比，户籍迁移带来的福利有限，因此，农村流动人口实际申请户口迁入的并不多。相反，在大城市，由于提供的公共服务和社会福利较高，导致落户的门槛很高，一般的农村流动人口很难满足落户的条件。在我国各地区的户籍改革实践中，广东佛山成功的户籍改革给了我们一定的启示，佛山作为广东的富裕城市，有雄厚的地方财政作为基础，在户籍改革的实践中真正实现了农业户口和非农业户口公共服务和社会福利的均等化。

总体来看，这个阶段统筹城乡的户籍制度改革成效有限，大多数地区城市户籍的社会福利资源分配功能依然存在。户籍制度改革的本质是要消除或者弱化户籍的社会福利资源分配功能，保证流入群体享受均等化的公共服务和社会福利，如果改革触及不到这些本

---

① 赵军洁、范毅：《改革开放以来户籍制度改革的历史考察和现实观照》，《经济研究参考》2019 年第 10 期。

质问题，那么户籍制度改革的成效会大打折扣。

四 2012年至今：户籍制度改革加快推进阶段

这一阶段，户籍制度改革与新型城镇化战略同步推进，户籍政策改革目标是通过公共服务均等化加快实现以人为本的新型城镇化。

在政府顶层设计的指导下，这一阶段的户籍制度改革取得了积极的进展。2014年，《国务院关于进一步推进户籍制度改革的意见》取消了农业和非农业的户口类型以及由此衍生的蓝印户口，统一登记为居民，使得户口本身不再具有社会身份的标签化，突出了户籍制度的人口管理功能。但是，户籍制度的社会福利资源分配功能并未完全取消，2016年出台的《居住证暂行条例》明确了常住人口享有流入地的公共服务和社会福利，使得居住证实际上承担了基本公共服务和社会权益的供给功能。具体来说，将居住半年以上的非本地户籍的流动人口纳入基本公共服务的覆盖范围，享有与本地户籍人口均等化的公共服务，这意味着户籍并未与公共服务和社会福利真正剥离。国务院办公厅2016年发布《推动1亿非户籍人口在城市落户方案》，明确提出了落户的重点群体和落户目标，放宽落户条件，到2020年实现1亿左右的流动人口落户的目标，鼓励城市中就业和生活稳定的农业转移人口落户，特别是放宽了对特大城市的积分落户的控制指标。在长三角和珠三角城市群，探索建立了户籍准入年限互认制度，试点以经常居住地作为登记户口的依据，从而使户籍制度改革更具操作性。从改革成效来看，户籍制度改革在许多城市进展明显，加快了农业转移人口的市民化进程，尤其为流入半年以上的流动人口快速融入城市提供了制度依据，为实现新型城镇化目标提供了基础条件[1]。但是，在一些特大城市和超大城市，户籍

---

[1] 李晓壮：《中国流动人口社会融合实践模式及政策分析》，《国家行政学院学报》2017年第4期。

利益的二元化问题仍然难以解决，在子女教育、社会权益方面存在明显的户籍差异，对落户人员的筛选以学历、购房、就业等方面作为积分依据，对目标群体具有较强的偏向性，甚至在一些城市，控制人口规模政策使落户条件呈现更严格的趋势。

五 户籍制度改革的特点与成效

我国户籍制度改革的本质是通过剥离附着其上的公共服务和社会福利来打破户籍制度的城乡分割和区域分割，从而实现劳动力空间上的自由流动和社会分层上的纵向流动。户籍制度改革的历程，是逐步弱化户籍制度的福利分配功能的过程，也是从严格限制人口流动到逐步放宽流动条件的改革过程。

（一）户籍制度改革的特点

由于我国户籍制度特有的福利分配功能使改革的难度加大，改革采取了渐进式和分类化的方式进行。从整体来看，户籍制度改革采取先易后难的思路推进，优先选择在改革成本较低的小城镇和经济特区试行，取得进展后再依次扩展到中小城市、大城市、特大城市，并且根据城市本地的人口规模、地方经济等状况，采取适用性的落户政策。具体来说，城乡户籍制度改革，先取消农业户口和非农业户口的差异，统一登记为居民，在此基础上逐步实现城乡基本公共服务均等化。大城市内部的落户制度则按照严格控制中心城区、放松远郊地区的改革思路，从易处着手，分类推进户籍制度改革[1]，具体来说，我国户籍制度改革具有以下特点。

第一，我国户籍制度改革的演进逻辑具有分类式、渐进式和多维博弈的特征。从改革力度来看，中央政府在推进全国层面的户籍制度改革时，一直遵循"分类推进"的思路，城市规模不同，户籍

---

[1] 赵军洁、张晓旭：《中国户籍制度改革：历程回顾、改革估价和趋势判断》，《宏观经济研究》2021年第9期。

制度改革的力度也不同；小城镇力度最大，其次是中小城市、大城市。从改革速度来看，为维持社会稳定发展的局面，我国在对户籍制度进行调整与改革过程中，遵循渐进式改革的思路，主要表现在对落户准入制的逐步放松和采取居住证等过渡性设计方案。从改革动力来看，我国的户籍制度改革是中央政府与地方政府、户籍人口与非户籍人口之间相互博弈的过程，各主体之间力量的对比决定了户籍制度改革的路径、方向与速度。

第二，当前我国户籍制度改革面临"三大错配"困境。一是人口流向与政策导向错配，即外来人口较多的城市往往也是落户政策较严的城市，在一定程度上造成我国常住人口城镇化率与户籍人口城镇化率差距难以有效缩小；二是居民落户意愿与地方政府倾向错配，即流动人口落户意愿越高的城市，其地方政府对外来人口落户限制的倾向就越严格；三是市民化成本与收益错配，即中央政府在农业转移人口市民化的过程中获取的收益要大于成本，地方政府则是收益小于成本，导致地方政府由于财政负担过重而对解决农业转移人口市民化问题的积极性不高，制约了农业转移人口市民化进程。

（二）户籍制度改革的成效

在40多年的户籍制度改革中，随着市场经济体制的不断完善和劳动力市场发育日渐成熟，城乡均等的公共服务体系基本建立，我国劳动力逐渐突破户籍身份限制，基本实现了自由流动。近年来，我国流动人口一直保持大规模流动的态势，并对收入分配产生了积极的影响。有关研究表明，群体间呈现了明显的工资趋同，证实了户籍制度改革对经济社会的重要促进作用。然而，我们在关注户籍制度改革的成效的同时，更要看到劳动力市场仍然存在户籍歧视的事实。近年来，大量的研究结果表明，虽然流动人口的工资已经与本地居民趋同甚至出现反超，但是在就业分布、劳动强度、社会保障权益方面，仍然存在显著的城乡户籍差异，差异的来源除了人力资本因素外，户籍歧视仍然是主要的影响因素①。劳动力市场存在的就业和社会保障权益的户籍差异表明劳动力市场的户籍歧视更加隐性化，今后户籍制度改革的重点应该转向不同群体间与户籍关联的隐性就业和社会保障权益差异，比如，农民工的参保类型、就业特征、劳动强度等方面，并且在实施层面出台严格的监管和惩罚措施，真正实现劳动力市场化运行，进一步缩小不同群体的工资和社会保障权益差距。

---

① 李实、吴彬彬：《中国外出农民工经济状况研究》，《社会科学战线》2020年第5期。

第四章 中国流动人口收入分布特征与差异

本章使用 2010—2018 年的"中国流动人口动态监测调查数据"(CMDS)。调查对象为本地居住一个月及以上、非本区（县、市）户口、15—59 周岁的流动人口，调查内容包括流动人口及家庭人口的基本信息、流动特征、就业、社会保障、收支和居住、基本公共卫生服务等信息，是权威性的全国流动人口调查数据。本章的核心内容是对流动人口的基本特征和工资收入情况以及趋势进行描述性统计分析，并从受教育水平、户籍、代际差异讨论流动人口内部的工资分布及其变动特征。根据研究需要，本书只保留作为雇员的工资劳动者，选取 16—59 岁的流动人口样本，由此分析流动人口的工资收入情况。根据流动人口的户籍分类，非农户籍为城城流动人口，农业户籍为乡城流动人口，从 CMDS 数据库中筛选乡城流动人口和城城流动样本。此外，为了全面系统地分析流动人口在劳动力市场中的变化，本章还使用 2010 年和 2017 年的城乡对比数据，来对比流动人口与城镇本地职工在个人特征、就业特征以及工资收入方面的分布差异。

第一节 流动人口的基本特征及趋势

一 流动人口的规模

改革开放以来，流动人口规模随着城镇化的发展进程以惊人的速度发生增长，根据 CMDS 数据，我国流动人口的规模呈波动上升的趋势，从 2011 年的 128000 人上升至 2018 年的 152000 人，增长了 18.75%。从时间来看，2011 年至 2015 年的流动人口数呈持续上升趋势，其中 2013 年的流动人口增长率最高，为 25.36%；2016 年至 2018 年开始呈下降趋势，其中 2016 年的流动人口减少率最高，为 17.96%。流动人口规模整体呈现出先扩大后缩小的趋势，这与我国人口红利来临与消失基本同步。

从流动范围来看，跨省流动的比例最大，市内跨县的流动比例最小。2010 年至 2018 年，跨省流动人口比重依不同年份各有升降，但整体呈上升趋势，从 2010 年的 50.9% 上升至 2018 年的 65.6%，其中 2018 年跨省流动人口的增长率最高，为 16.3%。2010 年至 2018 年，省内跨市流动人口和市内跨县流动人口比重依不同年份各有升降，但整体呈下降趋势，其中省内跨市流动人口从 2011 年的 31.2% 下降至 2018 年的 26.1%，市内跨县流动人口从 2011 年的 18.1% 下降至 2018 年的 8.3%。

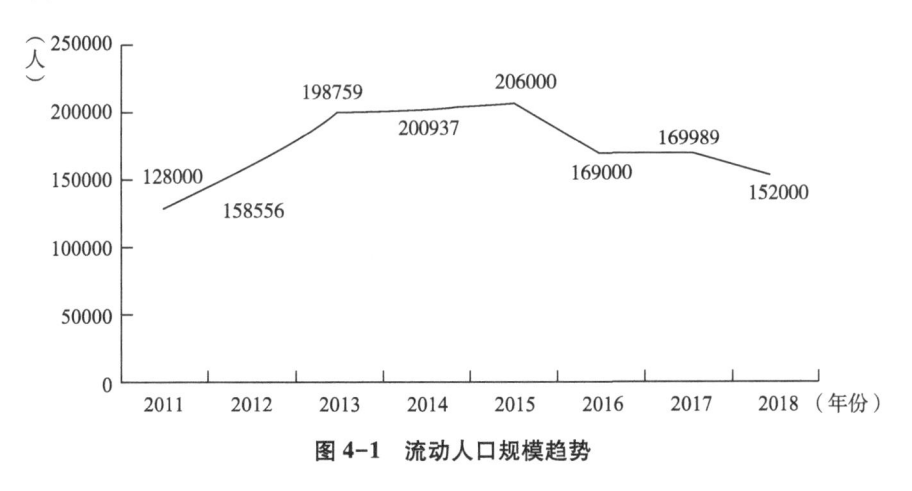

图 4-1 流动人口规模趋势

二 流动人口年龄分布

根据 CMDS 数据，我国流动人口平均年龄呈上升趋势，从 2010

年的32.2岁升至2018年的35.2岁，平均年龄增加了3岁。分年龄组看，16—40岁劳动力的比重依不同年份各有升降，但整体呈下降趋势，从2010年的82.0%降至2018年的69.4%；41—45岁劳动人口占全部流动人口的比重呈先上升后下降的趋势，从2010年的11.1%升至2015年的22.7%，2018年降至12.8%；46—59岁流动人口比重呈上升趋势，从2010年的7.0%升至2018年的16.1%。以上变化趋势与人口红利的来临和逐步消失基本同步，尤其是16—40岁的劳动年龄人口，短短八年时间，占比下降了12.6个百分点。

表4-1　　　　　　　　流动人口的年龄分布（%）

	2010年	2015年	2018年
平均年龄（岁）	32.2	35.3	35.2
16—40（岁）	82.0	69.1	69.4
41—45（岁）	11.1	22.7	12.8
46—59（岁）	7.0	14.7	16.1

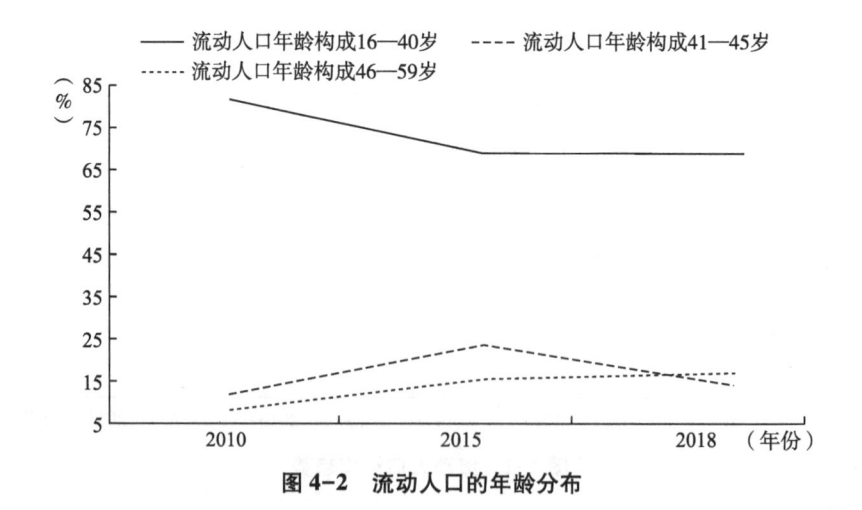

图4-2　流动人口的年龄分布

三　我国流动人口的户籍分布

我国流动人口的户口性质以农业户口为主，历年比重均达到

80%以上。随着城镇化的不断推进,农业户口流动人口比重略有下降。根据七普数据,2020年中国"乡—城"流动人口(由农村向城市的流动)规模达2.49亿人,占全部流动人口的66.26%,比2010年提高3.06个百分点。这说明中国人口流动的方向仍以从农村到城市的流动为主,而且农村人口依然是人口流动大军中的主力。有研究认为,在"乡—城"流动式微的条件下,"城—城"流动将逐步转变为人口流动的主要来源[①],但七普数据未予佐证。

四 流动人口就业身份分布

在就业的流动人口中,一半以上的人口为雇员,雇主和其他就业身份的流动人口占比较少。2010—2018年,就业身份为雇员的流动人口占比趋于稳定。乡城流动人口中,就业身份为雇员的比重从2010年的55.8%到2018年的59.6%,提高了3.8个百分点。城城流动人口中,就业身份为雇员的比重从2010年的61.0%到2018年的67.4%,提高了6.4个百分点。

表4-2　　　　　　　　流动人口就业身份分布占比(%)

就业身份	2010年		2015年		2018年	
	乡城流动	城城流动	乡城流动	城城流动	乡城流动	城城流动
雇员	55.8	61.0	45.7	52.6	59.6	67.4
雇主	4.0	4.8	6.1	7.0	7.2	7.5
自营劳动者	28.1	19.4	29.8	17.8	32.3	24.4
其他	2.0	1.7	1.2	1.9	0.9	0.7

---

① 朱宇、林李月、柯文前:《国内人口迁移流动的演变趋势:国际经验及其对中国的启示》,《人口研究》2016年第5期。

第二节 流动人口的收入分布状况和特征差异

一 流动人口的基本收入状况

根据全国流动人口动态监测数据，2010—2018 年，流动人口的平均工资呈现明显的增长趋势。如表 4-3 和表 4-4 所示，2010 年、2015 年、2018 年流动人口平均月工资和小时工资水平呈现快速增长的趋势。2010 年的月工资收入为 2565.76 元，随后的年份依次为

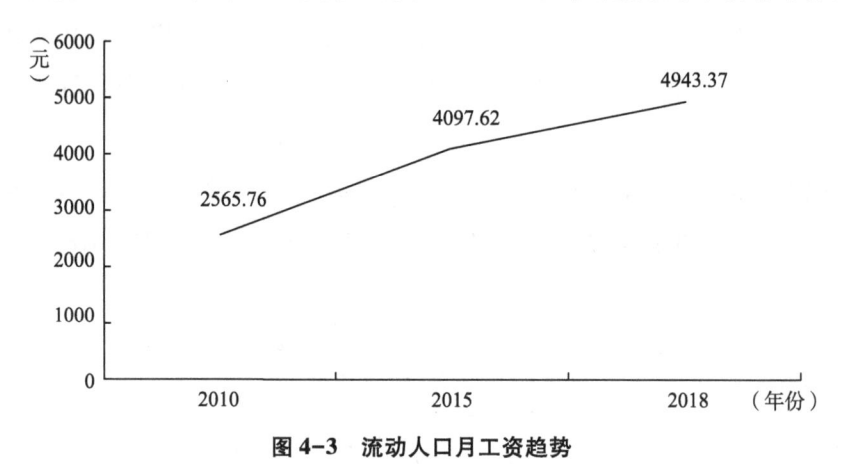

图 4-3 流动人口月工资趋势

图 4-4 流动人口小时工资趋势

2015 年为 4097.62 元，2018 年为 4943.37 元。2010 年与 2018 年的月工资相差 2377.61 元，增幅 92.67%。2010 年与 2018 年的小时工资相差 13.63 元，增幅 119.03%，小时工资的增幅大于月工资。

二 流动人口内部的工资差距

为了进一步分析流动人口内部的工资差距状况，表 4-3 给出了不同分位点的月工资和小时工资。从总体趋势看，各收入水平群体的工资差距呈总体扩大的趋势。本书使用第 90 分位点和第 75 分位点工资差距（q90—q75）、第 75 分位点和第 50 分位点工资差距（q75—q50）、第 50 分位点与第 25 分位点工资差距（q50—q25）、第 25 分位点和第 10 分位点的工资差距（q25—q10）来描述工资分布不平等状况。从统计结果可以看出，无论是月工资收入还是小时工资收入，高端的工资分布差距均大于低端收入的分布差距。q90—q75 月工资的差距，2010 年的月收入差距为 1000 元，2018 年的月收入差距为 2500 元，提高幅度为 150%；小时收入则从 6.25 元上升到 16.96 元，上升幅度达 171%。q75—q50 月工资收入差距的变动幅度为 50%，小时工资的上升幅度为 175%。在低收入群体中，q50—q25 月工资收入差距的变动幅度为 100%，小时工资的上升幅度为 43.3%。q25—q10 月工资收入差距的变动幅度为 100%，小时工资的上升幅度为 119%。因此，从月工资差距的变动趋势看，代表高收入群体的 90 分位和 75 分位之间的收入差距变动幅度最大，q75—q50 月工资收入差距的变动幅度最小。

表 4-3　　　　　　　　　流动人口月工资和小时工资

	2010 年		2015 年		2018 年	
	月工资	小时工资	月工资	小时工资	月工资	小时工资
均值（元）	2565.76	11.45	4097.62	22.58	4943.37	25.08

续表

不同分位数的工资水平

	2010年		2015年		2018年	
	月工资	小时工资	月工资	小时工资	月工资	小时工资
90分位	4000	18.75	6500	35.85	8000	43.75
75分位	3000	12.50	4800	23.44	5500	26.79
50分位	2000	8.33	3200	15.63	4000	15.31
25分位	1500	5.95	2500	11.16	3000	11.90
10分位	1000	4.19	2000	8.33	2000	8.04
q90—q75	1000	6.25	1700	12.41	2500	16.96
q75—q50	1000	4.17	1600	7.81	1500	11.48
q50—q25	500	2.38	700	4.47	1000	3.41
q25—q10	500	1.76	500	2.83	1000	3.86

数据来源：2010年、2015年和2018年的"中国流动人口动态监测调查数据"（CMDS）。

三 按户籍分流动人口月工资和小时工资差距

按户籍分流动人口月工资和小时工资收入的统计结果如表4-4所示：历年的乡城流动人口和城城流动人口内部的工资差距逐渐缩小。2010年城城流动人口和乡城流动人口月工资收入差异为1366元，小时工资收入差异为7.97元，2015年城城流动人口和乡城流动人口月工资收入差异为1075元，小时工资收入差异为8.75元，2018年城城流动人口和乡城流动人口月工资收入差异为839元，小时工资收入差异为6.62元，工资差异的总体变化特征相同，都表现出差距程度持续缩小的趋势。

进一步考察各分位数工资差距的变动水平发现，在高收入水平，城城流动人口和乡城流动人口的工资差距仍然存在，但呈现逐渐缩小的趋势，在90分位，2010年和2018年，两者的工资差距都为

2000，但是两者的差距比率明显降低；75分位也表现为同样的变化趋势。中低收入水平，城城流动人口和乡城流动人口的工资差距明显变小直至消失。如表4-4所示，2018年50分位、25分位和10分位上的月收入水平，两者收入出现趋同。

另外，虽然户籍间工资差异变小，但是户籍内部的工资差距仍然存在明显差异，城城流动人口q90—q75的差值2010年为2000，2018年则扩大为4000，q25—q10的差值2010年为600，2018年则扩大为900。乡城流动人口q90—q75的差值2010年为1200，2018年则扩大为3000，q25—q10的差值2010年为500，2018年则扩大为1000。说明不同户籍的流动人口内部的工资差距仍然呈现逐步扩大的趋势。

表4-4　　　　　按户籍分流动人口的月工资和小时工资

	2010年		2015年		2018年	
	城城流动	乡城流动	城城流动	乡城流动	城城流动	乡城流动
月工资	3786	2420	5002	3928	5522	4683
小时工资	18.34	10.37	29.94	21.19	29.65	23.03
不同分位数的工资水平（月工资）						
90分位	6000	4000	8500	6000	10000	8000
75分位	4000	2800	5000	4500	6000	5000
50分位	2590	2000	3900	3000	4000	4000
25分位	1800	1500	2900	2500	3000	3000
10分位	1200	1000	2000	2000	2100	2000
q90—q75	2000	1200	3500	1500	4000	3000
q75—q50	1410	800	1100	1500	2000	1000
q50—q25	790	500	1000	500	1000	1000
q25—q10	600	500	900	500	900	1000

数据来源：2010年、2015年和2018年的"中国流动人口动态监测调查数据"（CMDS）。

四 按户籍和代际划分的流动人口工资

除了户籍差异,流动人口代际间由于受教育水平、职业偏好和职业期望等方面的差异导致工资水平也存在明显差距,因此,本部分使用2018年的数据,按户籍和代际分类考察不同户籍和代际的流动人口的工资水平,结果如表4-5所示。

表4-5 按户籍和代际划分的流动人口的月工资和小时工资

	全样本		城城流动人口		乡城流动人口	
	新生代	老一代	新生代	老一代	新生代	老一代
月工资	5189	4543	5723	5162	4938	4289
小时工资	26.89	22.13	31.48	26.40	24.73	20.37
不同分位数的工资水平(月工资)						
90分位	9000	8000	10000	9000	8000	7000
75分位	6000	5000	6200	6000	5600	5000
50分位	4000	3600	4500	4000	4000	3500
25分位	3000	2500	3000	3000	3000	2500
10分位	2200	2000	2500	2000	2000	1900

数据来源:2018年"中国流动人口动态监测调查数据"(CMDS)。

首先,2018年的全样本的代际收入差距为646,新生代工资水平高于老一代的工资水平,部分原因在于1980年作为代际划分的依据,1980年后出生的新生代流动人口正值壮年,且受教育程度明显高于老一代流动人口。城城流动人口的新生代和老一代的工资水平都明显高于乡城流动人口。

按户籍和代际划分的流动人口收入状况的统计结果发现:在城城流动人口内部,代际间的月工资差距为561,小时工资收入差异为5.08。乡城流动人口内部,代际间的月工资差距为649,小时工资收入差异为4.36,并且城城流动人口的老一代工资水平高于乡城流动人口的新生代,而乡城流动人口的老一代群体的收入明显低于其他群体,说明乡城流动人口的工资水平虽然得到了较大的提升,但是从代际间进行比较,仍然存在较大的差距,尤其是老一代的乡城流动人口,代表传统的农民工群体,随着年龄的增长,收入处于相对较低状态。

第三节 流动人口的受教育水平分布

一 流动人口的受教育水平

人力资本水平是影响劳动者工资水平的主要因素,受教育水平的提高不仅会直接提高工资水平,还会通过改变就业分布而影响工资水平。根据全国流动人口动态监测数据,流动人口平均受教育年限,如表4-6所示,流动人口的人力资本水平发生了巨大变化,根据流动人口总样本的统计结果,流动人口总体的平均受教育年限呈明显的上升趋势。平均受教育年限从2010年的9.97年、2014年的9.89年到2018年的10.30年,流动人口平均受教育年限呈缓慢上升的趋势,2018年的平均受教育年限比2010年仅仅高出0.33年。

不同受教育程度的流动人口占比也随时间发生变化,从总样本的受教育程度的占比来看,2010—2018年,流动人口小学及以下人口所占比例仍处于上升趋势,从2010年的12.21%上升到2018年的16.04%;初中人口比例持续下降,从2010年的53.12%下降到2018年的42.18%;高中/中专人口占比呈波动变化,2010年最高,为24.45%,2014年为21.47%,2018年为22.38%;大专及以上人口占比呈明显的上升趋势,从2010年的10.21%上升到2018年的19.4%。值得注意的是,2010—2018年初中受教育程度人口一直占据流动人口的主体,比例均在40%以上。

按受教育程度划分的流动人口占比,占比最高的为初中学历人员,始终保持在40%以上,但总体呈现下降趋势;其次是高中/中专学历人员,占比维持在20%以上。2010年和2014年小学及以下人口占比大于大专及以上人口占比,但在2018年发生逆转,大专及以上人口占比超过小学及以下人口占比。总体而言,受教育程度分布呈现"两头小,中间大"的橄榄形形态。

如果将大专及以上人口称为具有高级教育人力资本的群体,其余学历个体称为具有初级教育人力资本的群体,那么随着时间的演进,流动人口群体中,具有高级教育人力资本个体占比在逐渐增加,这也表明,具有高级教育人力资本群体的流动意愿得到持续强化,初级教育人力资本群体的流动意愿则相对衰弱。

表4-6　　　　　　　　流动人口的受教育水平

	2010年			2014年			2018年		
	全样本	城城流动人口	乡城流动人口	全样本	城城流动人口	乡城流动人口	全样本	城城流动人口	乡城流动人口
教育年限	9.97	12.64	9.53	9.89	12.23	9.43	10.30	11.61	9.68
受教育程度									
小学及以下	12.21%	3.31%	13.67%	15.21%	5.44%	17.13%	16.04%	9.31%	19.11%
初中	53.12%	22.72%	57.57%	50.49%	26.81%	55.14%	42.18%	31.52%	47.02%
高中/中专	24.45%	31.59%	23.29%	21.47%	28.44%	20.42%	22.38%	25.19%	21.10%
大专及以上	10.21%	42.38%	4.96%	12.56%	39.32%	7.31%	19.4%	33.98%	12.77%

数据来源:2010年、2014年和2018年"中国流动人口动态监测调查数据"(CMDS)。

二　不同户籍流动人口的受教育水平

流动人口受教育年限的户籍差异非常明显。如表4-6所示,

2010年至2018年，乡城流动人口的平均受教育年限变化不大，2010年平均受教育年限为9.53年、2014年为9.43年、2018年为9.68年，波动幅度较小。城城流动人口则呈缓慢下降的趋势，2010年平均受教育年限为12.64年、2014年为12.23年、2018年为11.61年。

进一步分析不同受教育程度人口的占比情况，城城流动人口中，小学及以下人口所占比例呈明显的上升趋势，从2010年的3.31%上升到2018年的9.31%；初中人口比例快速上升，从2010年的22.72%上升到2018年的31.52%；高中/中专人口占比则从2010年的31.59%下降到2018年的为25.19%；大专及以上人口占比呈明显的下降趋势，从2010年的42.38%下降到2018年的33.98%。但是城城流动人口中，2010—2018年大专及以上人口是流动的主体，比例在30%以上。

乡城流动人口中，小学及以下人口所占比例呈明显的上升趋势，从2010年的13.67%上升到2018年的19.11%；初中人口比例快速下降，从2010年的57.57%下降到2018年的47.02%；高中/中专人口占比则从2010年的23.29%下降到2018年的21.10%；大专及以上人口占比呈明显的上升趋势，从2010年的4.96%上升到2018年的12.77%。城城流动人口中，2010-2018年初中文化程度是流动的主体，比例在30%以上。

由以上数据可知，城城流动人口与乡城流动人口的人力资本水平差异比较大，城城流动人口平均受教育年限明显高于乡城流动人口。2010年两者相差3.11年，2018年两者相差1.93年。城城流动人口以受过高等教育的大专及以上人口为主，乡城流动人口则主要以初中学历为主，两者的学历结构差异比较大。从时间趋势来看，两者的受教育水平差距在逐渐缩小，乡城流动人口中，小学及以下、初中以及高中/中专这三类的比重呈下降趋势，与此对应的是，大专及以上学历的人口比重在增加。在城城流动人口中，小学及以下、初中以及高中/中专这三类的占比呈上升趋势，大专及以上人口的占比则呈现快速下降的趋势。说明乡城流动人口接受高等教育的能力与意愿不断增强，受教育程度不断提升，并逐渐向高等教育人力资本劳动群体转化。

三　不同代际的流动人口受教育水平

以2018年的数据为例，根据表4-7的统计结果，流动人口受教育年限的代际差异明显。户籍间进行比较，城城老一代流动人口与乡城老一代流动人口的受教育年限差距为2.06年。受教育程度中，城城老一代初中及以下的占比为58.94%，乡城老一代初中及以下的占比为85.21%。尤其是大专及以上学历的占比两者相差约14个百分点。户籍间的受教育程度差距明显，城城流动人口以受过高等教育的人口为主，乡城流动人口以初中学历为主。

城城流动人口内部，新生代流动人口的受教育年限为12.71年，老一代流动人口的受教育年限为10.06年，两者相差2.65年。老一代与新生代的受教育结构也有明显差异，老一代中，初中占比最高，达到39.82%，高中/中专的占比次之，为24.97%，小学及以下和大专及以上较低，都未超过20%，呈现"中间大，两头小"的橄榄形结构。新生代中，大专及以上学历占比高达45.82%，依次为初中、高中/中专、小学及以下，呈金字塔形结构，由此可以看出流动人口内部的受教育程度分布存在明显的代际差异。

乡城流动人口内部，新生代流动人口的受教育年限为10.79年，老一代流动人口的受教育年限为8年，两者相差2.79年。老一代和新生代的受教育分布的差异主要有以下三个方面，一是小学及以下的占比差异巨大，老一代为36.74%，新生代仅7.52%，两者相差29个百分点；二是高中/中专的占比差异，老一代为12.72%，新生代则达到26.6%，两者相差将近14个百分点；三是大专及以上的占比差异，老一代仅 2.07%，新生代则达到 19.8%，两者相差近 18 个百分点。以上学历结构的差异说明，乡城流动人口中，相对于老一代，新生代的受教育程度有了明显提升，并且受过高等教育的群体明显增多，新一代的乡城流动人口与传统意义的农民工已经有了本质的区别。

表 4-7　　　　2018 年不同代际的流动人口受教育程度

	城城流动人口			乡城流动人口		
	全样本	新生代	老一代	全样本	新生代	老一代
教育年限	11.61	12.71	10.06	9.68	10.79	8.00
受教育程度							
小学及以下	9.31%	2.81%	19.12%	19.11%	7.52%	36.74%
初中	31.52%	26.03%	39.82%	47.02%	46.08%	48.47%
高中/中专	25.19%	25.34%	24.97%	21.10%	26.6%	12.72%
大专及以上	33.98%	45.82%	16.09%	12.77%	19.8%	2.07%

数据来源：2018 年"中国流动人口动态监测调查数据"（CMDS）。

第五章 流动人口的工资差异分解及影响因素分析

第一节 理论模型

一 明瑟（Mincer）方程

本书工资收入差异的分解基于明瑟工资方程，作为与人力资本的重要模型，Mincer 方程主要研究教育对收入的影响，人力资本所包含的其他因素都被看为次要或外生变量。标准 Mincer 收入方程的线性形式为：

$$\ln wage = \alpha + \beta_1 edu + \beta_2 \exp + \beta_3 \exp^2 + \sum \gamma_i X_i + \varepsilon$$

方程中，因变量 lnwage 为小时工资收入的对数，由于乡城流动人口和城镇职工的工作时数存在较大的差异，小时工资更能反映两者的真实收入回报，因此，本书将原始数据中的月工资收入指标折算为小时工资收入。edu 为受教育年限，exp 为工作经验，$\exp^2$ 是工作经验的平方，X_i 表示影响工资的其他控制变量，β_1 为受教育年限的教育收益率，表示多接受一年教育带来的工资增加的比率，ε 为随机误差项。

二 RIF 回归及分解

工资收入差异分解常常采用经典的 Oaxaca-Blinder 分解（OB 分解），OB 分解基于明瑟方程，通过构造反事实的工资分布，将两个群体的均值工资差异分解为构成效应与结构效应，构成效应用来识别两个群体的禀赋要素对收入差异的贡献率，结构效应的大小则用来反映劳动力市场的歧视程度。

本书采用的 FFL 分解是在无条件分位数回归的基础上，对工资收入的不同分位数进行分解，全面考察工资差异的异质性及其变化特征[1]，这一分解方法利用分布统计量的再中心化影响函数进行回归（Recentered influence function regression，即 RIF 回归），将基于分布的统计量写成关于解释变量的线性函数，用于衡量样本中某一处微小变化对统计量的影响。在此基础上使用 OB 分解的方法识别各种影响因素对相应统计量变动的解释，得到不同工资分布上构成效应与结构效应。

首先，分位数 RIF 方程可表述为：

$$RIF(Y_i; Q_\tau^i, F_{Y_i}) = Q_\tau + \frac{\tau - I(Y_i \leq Q_\tau^i)}{f_{Y_i(Q_\tau^i)}}$$

其中，Q_τ 为 $F_{Y(\cdot)}$ 分布的分位数函数，$f_{Y(\cdot)}$ 为 Y 的边际分布密度函数。

当 $RIF(Y_i; Q_\tau^i, F_{Y_i})$ 可以表示为自变量的线性函数时，有 $RIF(Y_i; Q_\tau^i, F_{Y_i}) = X_i \varphi_i + \varepsilon_i$，此时，将得到 RIF 变量对解释变量 X 进行 OLS 回归，即得到各分位数上的参数估计值。

其次：构建反事实分布函数。在采用无条件分位回归模型得到工资方程后，使用经典的 OB 分解将乡城流动人口与城镇职工各分位数的工资差异进行如下分解：

---

[1] Firpo S., Fortin N. M., Lemieux T., "Decomposing Wage Distributions Using Recentered Influence Function Regressions", *University of British Columbia*, Vol. 6, No. 2, 2018.

$$RIF(Y_u; Q_\tau^u) - RIF(Y_m; Q_\tau^m) = (\overline{X}^u - \overline{X}^m) \cdot \widehat{\gamma}_\tau + [\overline{X}^u \cdot (\varphi_\tau^u - \widehat{\gamma}_\tau) + \overline{X}^m \cdot (\widehat{\gamma}_\tau - \varphi_\tau^m)]$$

式中，上标 u 和 m 分别表示城镇本地职工和乡城流动人口，$\widehat{\gamma}_\tau$ 是基于 RIF 回归估计出的第 τ 百分位上的无歧视收入结构，X 为劳动力特征变量（包含常数项）。分解结果中，$(\overline{X}^u - \overline{X}^m) \cdot \widehat{\gamma}_\tau$ 为禀赋效应，用以衡量收入差距中可以被个人禀赋解释的"合理"部分，$\overline{X}^u \cdot (\varphi_\tau^u - \widehat{\gamma}_\tau) + \overline{X}^m \cdot (\widehat{\gamma}_\tau - \varphi_\tau^m)$ 为结构效应，为收益率差异导致的收入差距，属于不可解释的"歧视"部分。

从以上描述中可以看出，基于 RIF 回归对工资分布及其变动状况的讨论至少具有以下几个方面的特征：首先，建立了工资分布不均等指标与解释变量之间的直接联系。大多数分解方法，如 G. Fields 和 Shapley 分解等，对解释变量与分布不均等指标的关系讨论通常建立在特定的分解程序基础上，不能给出相关影响因素对不均等指标的边际效应。其次，利用无条件分位回归结果，可以对分布特征的变化进行更为详细的描述，如工资分布不同分位点上的变化特征，工资分布低端与高端不均等的变化特征等。再次，通过引入反事实分布函数，v（F1）-v（F0）分解中的禀赋构成效应反映的不仅仅是解释变量均值水平的变化，还与分布构成有关。最后，反事实分布函数的引入也从某个特定角度解决了 Oaxaca 分解中的参照组选择问题。

第二节 数据来源与变量说明

一 数据来源

城镇本地与流动人口的对比专题数据（C 卷和 D 卷）考虑东、中、西部的区域差异、经济发展水平以及城市规模等因素，选取我国东、中、西部 8 个城市的流动人口和户籍人口作为调查对象，其中苏州、青岛、广州为东部城市，郑州、长沙为中部城市，重庆、西双版纳、乌鲁木齐为西部城市。调查内容主要涉及流动人口和户籍人口的基本人口特征、就业情况、流动及居留意愿、社会保障、健康与公共服务、社会融合等。该数据是流动人口和户籍人口的专题调查对比数据，样本量大，覆盖区域广，两个群体的就业、收入和社会保障等信息更准确、更丰富。根据研究需要，对数据进行如下处理：（1）保留16周岁到59周岁的样本，根据户籍登记情况筛选乡城流动人口和城镇本地职工，前者的户口性质为农村的流动人口，后者为非农业和居民的本地户籍人口样本；（2）保留就业身份为雇员的样本。在删除了相关变量的缺失值、无效值或不适用取值的个案后，最终得到有效样本11195个，其中乡城流动人口样本5418个，城镇本地职工样本5777个。

二 变量说明及描述性统计

本书首先对乡城流动人口和城镇本地职工的相关变量进行描述性统计，如表5-1所示，乡城流动人口和城镇本地职工的月工资收入和小时工资收入呈现趋同的特征。基于收入均值的比较发现，乡城流动人口和城镇本地职工的月工资收入对数均值相等，城镇本地职工小时工资的对数均值则略高于乡城流动人口，这与邢春冰等使用Chip 2018年的数据得到的结论相同[①]。考虑到乡城流动人口内部收入分化的趋势，本书使用收入核密度图进一步分析。图5-1中，城镇本地职工的小时工资总体分布在乡城流动人口的右侧，说明各收入分布上城镇本地职工小时工资高于乡城流动人口。图5-2中，乡城流动人口和城镇本地职工的月工资核密度曲线基本重合，呈现收入趋同的特征。农民工与城镇本地职工小时工资和月工资分布的

---

① 邢春冰、李溢、杨鹏：《城镇地区还存在对外来务工人员的工资歧视吗？——外来人口分布与城镇地区的工资决定》，《深圳社会科学》2021年第1期。

差异说明两者的工作时数存在显著差异，根据 CMDS 2017 数据统计，乡城流动人口的周工作时数明显高于城镇本地职工。乡城流动人口的周工作时数均值为 52 小时，城镇本地职工工作时数为 45 小时，两者每周工作时长相差 7 小时，这是两者小时工资收入和月工资分布存在差异的主要原因，总体上两者的工资呈趋同甚至反超的趋势。

表 5-1　　　　　　　　变量说明及描述性统计

变量名称	变量说明	乡城流动人口	城镇本地职工
月收入（对数）	个人上月工资收入的对数	3.54	3.54
小时收入（对数）	[个人上月工资收入数/（周工作时长×4）]的对数	1.23	1.29
受教育年限（年）	未上过学=0，小学=6，初中=9，高中/中专=12，大学专科=15，大学本科=16，研究生=19	10.68	13.83
工作经验（年）	年龄-受教育年限-6	16.02	14.39
自评健康	健康=1，比较健康=2，不健康但生活能自理=3，生活不能自理=4	1.13	1.14
性别	女=0，男=1	0.54	0.55
婚姻状况	未婚=0，已婚=1（未婚、离婚、丧偶、同居视为未婚；将初婚、再婚视为已婚）	0.71	0.75
职业	白领=1，蓝领=0	0.20	0.62
行业类型	第一产业=1，第二产业=2，第三产业=3	3.35	3.09
单位性质	非公共部门=0，公共部门=1，机关、事业单位定义为公共部门，其他部门定义为非公共部门	0.03	0.30
地区	所在区域：东部=1，中部=2，西部=3	1.74	1.80
劳动合同	签订劳动合同=1，未签订劳动合同=0	0.68	0.86

资料来源：根据 CMDS 2017 年数据计算得到。

乡城流动人口和城镇本地职工的个人特征变量、就业特征变量大多具有显著差异。从受教育年限来看，乡城流动人口平均受教育年限低于城镇本地职工 3.15 年。工作经验方面，乡城流动人口的工作经验高于城镇本地职工 1.63 年。此外，两者的就业特征包括就业行业、单位性质、职业也存在显著差异。

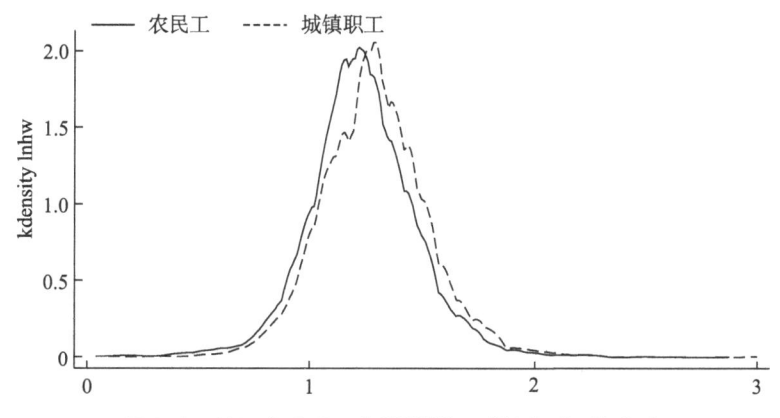

图 5-1 2017 年农民工与城镇职工对数小时工资分布

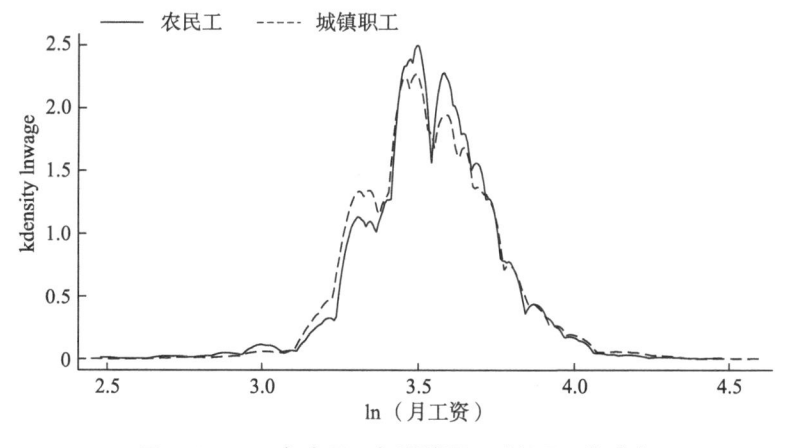

图 5-2 2017 年农民工与城镇职工对数月工资分布

根据 CMDS 2017 年的数据的描述性统计，得到初步事实是，乡城流动人口和城镇本地职工的工资呈现趋同甚至反超的趋势，本书接下来考察乡城流动人口和城镇本地职工工资水平的影响因素以及是否存在户籍歧视，在此基础上，继续论证流动人口内部收入差异的影响因素。

第三节 乡城流动人口与城镇本地职工的工资差异 FFL 分解

一 乡城流动人口和城镇本地职工收入差异的 FFL 分解结果

工资分解结果表明，乡城流动人口和城镇本地职工在各分位数的工资差异显著，工资差异随着收入分位数的上升呈逐步下降的趋势，低分位数上的对数小时工资差异达到了 0.36，而高分位数的差异为 0.1445，表明两个群体的工资差异主要集中在收入分布的末端，呈现鲜明的"黏地板效应"特征。观察禀赋效应和结构效应的贡献率，各分位点上的禀赋效应均显著高于结构效应，并且禀赋效应的贡献率随分位数的提高而上升，从 10 分位到 90 分位分别为 69.44%、68.27%、90.65%、105.15%、118.27%，说明个人禀赋是两者工资差异的主要来源。而表征户籍歧视的结构效应除 10 分位数显著外，在其他分位数上均不显著，而且贡献率总体呈现递减的趋势，值得关注的是，在 75 分位和 90 分位上结构效应的贡献率为负值，分别为-5.15%和-18.27%，说明在高分位数出现了负向工资结构效应，这一结果在近年来的文献也有所涉及，学者将其称为对城镇户籍的反向歧视，反向歧视的本质是控制个人禀赋后乡城流动人口的工资获得高于城镇本地职工[1][2]。

---

[1] 陈昊、赵春明、杨立强：《户籍所在地"反向歧视之谜"：基于收入补偿的一个解释》，《世界经济》2017 年第 5 期。

[2] 徐凤辉、赵忠：《户籍制度和企业特征对工资收入差距的影响研究》，《中国人民大学学报》2014 年第 3 期。

表 5-2　城镇本地职工和乡城流动人口收入差异 FFL 分解

变量	10分位	25分位	50分位	75分位	90分位
总差异					
城镇本地职工	0.5245*** (15.7250)	0.5780*** (17.3572)	0.6705*** (34.8065)	0.7224*** (46.3664)	0.7358*** (49.1957)
乡城流动人口	0.1645*** (3.3492)	0.3826*** (9.9763)	0.4929*** (16.9751)	0.5594*** (22.8558)	0.5913*** (24.1626)
总差异	0.3600*** (6.0639)	0.1954*** (3.8464)	0.1776*** (5.0958)	0.1630*** (5.6191)	0.1445*** (5.0373)
禀赋效应	0.2500*** (3.5686)	0.1334 (1.5988)	0.1610* (1.8646)	0.1714*** (3.0975)	0.1709*** (3.9296)
可解释部分（%）	69.44%	68.27%	90.65%	105.15%	118.27%
结构效应	0.1100* (1.6465)	0.0620 (0.7473)	0.0165 (0.1898)	-0.0084 (-0.1511)	-0.0264 (-0.6214)
不可解释部分（%）	30.56%	31.73%	9.29%	-5.15%	-18.27%
禀赋效应（可解释）					
教育年限	0.1175* (1.6985)	0.1688*** (2.5936)	0.1823*** (3.3690)	0.1880*** (4.0614)	0.1880*** (4.0614)
工作经验	0.0080 (0.1934)	-0.0292 (-0.8274)	-0.0659* (-1.7970)	-0.1062** (-2.5117)	-0.1062** (-2.5117)
经验平方	-0.0085 (-0.2347)	0.0248 (0.8522)	0.0462 (1.6299)	0.0785** (2.2875)	0.0785** (2.2875)
健康水平	-0.0023 (-0.5492)	-0.0003 (-0.1163)	0.0003 (0.1630)	-0.0002 (-0.1055)	-0.0002 (-0.1055)
性别	0.0013 (0.2711)	0.0012 (0.2721)	0.0004 (0.2612)	0.0003 (0.2578)	0.0003 (0.2578)
婚姻	0.0008 (0.5943)	0.0006 (0.4967)	-0.0001 (-0.0972)	-0.0009 (-0.6260)	-0.0009 (-0.6260)
职业	-0.0252 (-1.4859)	-0.0137 (-0.6862)	-0.0349* (-1.6833)	-0.0369** (-2.1169)	-0.0369** (-2.1169)
行业性质	0.0451** (2.4786)	0.0398*** (2.6496)	0.0329*** (2.7068)	0.0326*** (3.1821)	0.0326*** (3.1821)

续表

变量	10分位	25分位	50分位	75分位	90分位
单位性质	0.0429** (1.9872)	0.0473*** (2.6373)	-0.0081 (-0.1301)	0.0178 (0.3974)	0.0178 (0.3974)
地区	-0.0118 (-1.3001)	-0.0137 (-1.6223)	-0.0129* (-1.7160)	-0.0138* (-1.8235)	-0.0138* (-1.8235)
结构效应（不可解释）					
教育年限	0.3014 (0.4106)	-0.1266 (-0.2483)	-0.5811 (-1.2929)	-0.6076* (-1.8360)	-0.4095 (-1.5325)
工作经验	-0.1402 (-1.0524)	-0.4914 (-1.2083)	-0.3807 (-0.8981)	-0.1405 (-0.4422)	-0.1289 (-0.5117)
经验平方	0.0756 (0.8007)	0.1724 (0.9573)	0.0553 (0.2982)	-0.0112 (-0.0756)	-0.0076 (-0.0616)
健康水平	0.0461 (0.6447)	-0.0539 (-0.3322)	-0.0178 (-0.1192)	-0.0083 (-0.0864)	-0.0654 (-0.7134)
性别	0.1031 (1.4775)	-0.0520 (-0.8001)	-0.0423 (-0.6499)	-0.0254 (-0.5451)	-0.0231 (-0.6319)
婚姻	-0.1374 (-0.7827)	-0.0804 (-0.5689)	-0.1415 (-1.0144)	-0.1259 (-1.0480)	-0.0587 (-0.6410)
职业	-0.1532 (-1.3517)	-0.1129 (-1.1381)	-0.1058 (-1.2062)	-0.0484 (-0.7600)	-0.0303 (-0.5524)
行业性质	0.2881 (1.2700)	0.2891* (1.9384)	0.3325** (2.2225)	0.2317** (2.1376)	0.1468* (1.7432)
单位性质	-0.0124 (-0.4441)	0.0098 (0.1431)	0.0091 (0.1267)	0.0287 (0.5891)	0.0103 (0.2792)
地区	0.2114 (1.0369)	0.3066 (1.3800)	0.3429 (1.4559)	0.2534* (1.7374)	0.2066* (1.8631)
常数项	-0.4606 (-0.4694)	0.1968 (0.2583)	0.5454 (0.8181)	0.4556 (1.0401)	0.3412 (0.9610)

注：*、**、***分别表示在10%、5%和1%水平下显著。

进一步观察禀赋效应和结构效应中分项变量的贡献，从禀赋效应来看，影响乡城流动人口与城镇本地职工收入差距的主要因素是受教育年限，贡献率随分位数水平上升呈递增趋势，说明在不同收入水平,受教育年限都是影响乡城流动人口与城镇本地职工间收入差异的主要因素。工作经验对收入差异的影响,除了10分位数和25分位数不是很显著,50分位数以上工作经验的影响效应为负值且绝对值呈递增趋势,说明在中高收入群体,工作经验对乡城流动人口的收入影响大于城镇本地职工,是减少两者收入差距的重要因素。因此,以教育和经验为核心的人力资本是影响乡城流动人口和城镇本地职工收入差异的重要因素,但是影响方向存在差异,受教育年限扩大了收入差异,而工作经验则起到了缩小收入差异的作用。可能的原因在于乡城流动人口的教育程度总体低于城镇本地职工,因而教育回报处于劣势,但是在城市劳动力市场通过在工作中"干中学"逐渐形成以经验为主的人力资本,从而提高了经验的收入回报。从结构效应上看,教育、工作经验等变量对户籍工资歧视的影响总体来看不显著。

二 稳健性检验

考虑到乡城流动人口主要是指未受过高等教育的群体,为了使两者的收入和就业状况更具可比性,本书进一步剔除样本中受过大学教育的乡城流动人口和城镇本地职工的群体,仅对未受过大学教育的样本进行分析,来验证乡城流动人口在城镇劳动力市场的歧视状况。结果如图5-3(b)所示,与分解结果图5-3(a)进行比较,发现无论是受过大学教育的劳动者还是没有受过大学教育的劳动者,总差距随着分位数的上升而下降,收入差距的来源及其在不同收入分位上的趋势基本相同:说明两者的收入差距主要来源于禀赋效应,贡献程度随分位数上升而提高。剔除大学教育以上的群体,禀赋效应的贡献程度总体趋势相同,解释歧视程度的结构效应不显著,总体也呈现递减的趋势,同样结构效应出现了负值。说明本书的工资差异分解的结论是稳健的。

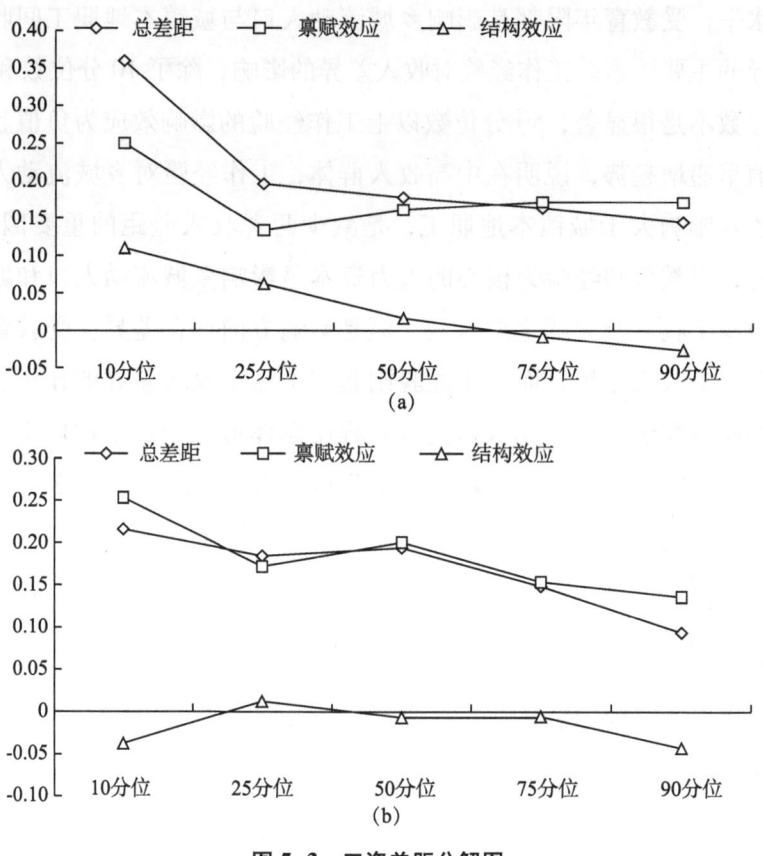

图 5-3 工资差距分解图

第四节 流动人口内部的工资差异分解及影响因素分析

本部分继续采用 FFL 分解模型对流动人口内部的收入差异进行分解，基于流动人口内部分化的特征事实，本部分基于户籍、代际以及户籍与代际的差异进行分解。

一 数据说明

流动人口的总样本采用国家卫生健康委 2017 年的"中国流动人口动态监测调查数据"（CMDS）（A 卷）。调查对象为本地居住一个月及以上、非本区（县、市）户口、15—59周岁的流动人口，调查内容包括流动人口及家庭人口的基本信息、流动特征、就业、社会保障、收支和居住、基本公共卫生服务等信息，是权威性的全国流动人口调查数据。CMDS 2017数据的总样本量为169989个，根据研究需要，对数据进行如下处理：（1）保留16周岁到59周岁的样本；（2）本部分的研究对象主要是工资劳动收入，因而仅保留就业身份为雇员的样本。根据流动人口的户籍分类，非农业户籍为城城流动人口，农业户籍为乡城流动人口，从CMDS数据库中筛选乡城流动人口和城城流动样本。删除缺失值、无效值或不适用取值的个案后，最终保留总样本114054个，其中乡城流动人口样本90204个，城城流动人口样本23850个。

二 基于户籍差异的工资差异分解

流动人口基于户籍分为乡城流动人口与城城流动人口。表5-3为乡城流动人口和城城流动人口工资差异的FFL分解结果。从分解结果看，乡城流动人口和城城流动人口的对数小时工资存在显著差异，与上节城镇本地职工和乡城流动人口工资差异FFL分解结果表现的特征一样：工资差异随着收入分位数的上升逐步下降，10分位数上的对数小时工资差异达到-0.2794，而90分位数的差异为-0.1248，表明两个群体的工资差异主要集中在收入分布的末端，呈现鲜明的"黏地板效应"特征。从分解的禀赋效应和结构效应看，禀赋效应的贡献率随分位数的提高而明显上升，从10分位到90分位分别为25.59%、21.76%、66.89%、103.52%、99.04%，说明随着收入层级的提高，个人禀赋在两个群体的收入差距的作用越大，在高收入水平比如75分位和90分位，可以接近100%。而表征"歧视"的结构效应的系数除了25分位显著，在其他分位数均不显著，而且贡献率总体呈现递减的趋势，从10分位到90分位分别为

74.41%、78.24%、33.07%、-3.46%、0.88%,表明户籍歧视随收入的提高而减弱,甚至在 75 分位上构成效应的贡献率为-3.46%,说明出现了反向歧视。

表5-3 乡城流动人口和城城流动人口工资差异 FFL 分解

变量	10 分位	25 分位	50 分位	75 分位	90 分位
总差异					
乡城流动人口	-0.1306*** (-4.1929)	0.0920*** (7.9713)	0.1983*** (22.7219)	0.3272*** (34.3330)	0.3693*** (60.5175)
城城流动人口	0.1487*** (4.1494)	0.2928*** (15.0552)	0.4238*** (29.5812)	0.4947*** (38.6640)	0.4941*** (42.5858)
总差异	-0.2794*** (-5.8823)	-0.2008*** (-8.8789)	-0.2256*** (-13.4457)	-0.1675*** (-10.5013)	-0.1248*** (-9.5170)
禀赋效应	-0.0715 (-0.5535)	-0.0437 (-0.9005)	-0.1509*** (-2.7681)	-0.1734*** (-3.1780)	-0.1236** (-2.4537)
贡献率	25.59%	21.76%	66.89%	103.52%	99.04%
结构效应	-0.2079 (-0.9750)	-0.1571* (-1.9082)	-0.0746 (-0.8525)	0.0058 (0.0667)	-0.0011 (-0.0142)
贡献率	74.41%	78.24%	33.07%	-3.46%	0.88%
禀赋效应（可解释）					
教育年限	-0.0816*** (-3.2968)	-0.0639*** (-4.4985)	-0.0762*** (-7.2669)	-0.0829*** (-9.0446)	-0.1255*** (-14.0704)
工作经验	-0.0564** (-1.9812)	0.0617** (2.3342)	0.0477** (2.4609)	0.0225 (1.4701)	0.0413*** (3.0434)
经验平方	0.0459 (1.2133)	-0.0910*** (-2.7150)	-0.0930*** (-3.6486)	-0.0601*** (-3.0118)	-0.0807*** (-4.4771)
健康水平	-0.0057* (-1.8689)	-0.0059*** (-3.0031)	-0.0084*** (-3.7658)	-0.0086*** (-3.9795)	-0.0070*** (-3.9457)
性别	-0.0029* (-1.9437)	-0.0015* (-1.9469)	-0.0011* (-1.9450)	-0.0013** (-1.9809)	-0.0018** (-2.0191)
婚姻	0.0000 (0.0005)	-0.0002 (-0.6641)	0.0001 (0.3022)	0.0000 (0.1920)	-0.0000 (-0.3134)

续表

变量	10分位	25分位	50分位	75分位	90分位
\multicolumn{6}{c}{禀赋效应（可解释）}
职业	-0.0132*** (-2.6898)	-0.0154*** (-5.4727)	-0.0073*** (-4.0277)	-0.0076*** (-4.7556)	-0.0007 (-0.5648)
行业性质	0.0027** (1.9838)	0.0005 (0.7972)	0.0022*** (2.9299)	0.0028*** (3.2031)	0.0026*** (3.2070)
单位性质	-0.0076*** (-7.1777)	-0.0020* (-1.8264)	-0.0043*** (-6.1050)	-0.0046*** (-7.0668)	-0.0043*** (-7.0576)
地区	-0.0234*** (-6.3937)	-0.0179*** (-7.8387)	-0.0159*** (-8.5291)	-0.0152*** (-8.7842)	-0.0125*** (-8.5952)
\multicolumn{6}{c}{结构效应（不可解释）}
教育年限	0.1770 (0.2174)	0.2800 (1.0479)	0.3160 (1.6104)	0.4094** (2.0907)	0.2923 (1.6212)
工作经验	0.8982 (1.3704)	0.7079* (1.8405)	-0.1311 (-0.1000)	0.0347 (0.0266)	-0.0967 (-0.0807)
经验平方	-0.7668 (-1.3901)	-0.4391** (-2.0694)	0.0557 (0.0701)	-0.0533 (-0.0674)	0.0369 (0.0508)
健康水平	-0.3929 (-1.1044)	-0.2590 (-1.5802)	-0.0893 (-0.3920)	-0.1430 (-0.6297)	-0.0452 (-0.2138)
性别	-0.1632 (-0.5145)	-0.0895 (-0.7710)	-0.0449 (-0.4318)	-0.0224 (-0.2161)	-0.0276 (-0.2894)
婚姻	0.6087 (1.2160)	0.2383 (1.2764)	0.2577 (1.2386)	0.2429 (1.1722)	0.2007 (1.0591)
职业	0.2245 (0.7917)	0.0624 (0.3935)	0.1975 (0.4987)	0.1987 (0.5042)	0.1544 (0.4265)
行业性质	-0.1601 (-0.0603)	0.1481 (0.1803)	-0.0622 (-0.0847)	-0.0046 (-0.0063)	-0.0367 (-0.0548)
单位性质	0.0028 (0.4823)	-0.0007 (-0.2748)	-0.0003 (-0.0693)	-0.0009 (-0.1821)	-0.0012 (-0.2835)
地区	0.0271 (0.0365)	-0.0039 (-0.0149)	-0.0998 (-0.6740)	-0.1369 (-0.9270)	-0.0655 (-0.4795)

续表

变量	10分位	25分位	50分位	75分位	90分位
结构效应（不可解释）					
常数项	−0.6404 (−0.1880)	−0.7849 (−0.7147)	−0.5061 (−0.8725)	−0.5503 (−0.9516)	−0.4409 (−0.8285)

注：*、**、***分别表示在10%、5%和1%水平下显著。

进一步观察各影响因素在收入差距中的贡献，在禀赋效应中，影响乡城流动人口与城城流动人口收入差距的主要因素是受教育年限和工作经验，这两个因素属于表征人力资本水平的变量。具体来看，受教育年限的影响效应为负值且绝对值随分位数水平上升呈递增趋势，说明受教育年限起到了扩大乡城流动人口与城城流动人口间收入差异的作用，并且收入水平越高，受教育年限对扩大收入差距的作用越大。工作经验对收入差异的影响，除了10分位数为负，25分位数、50分位数、75分位数和90分位数上的影响效应均为正值，说明工作经验是缩小两者收入差距的重要因素。在结构效应中，教育、工作经验等变量对户籍工资歧视的影响总体来看不显著。

总体来看，影响乡城流动人口和城城流动人口小时收入差异的因素主要是个人禀赋，户籍歧视的影响基本消失。在各分位数上，收入差异显著，但随着收入水平的提高，收入差距反而变小。在低收入群体中（10分位和25分位），结构效应是产生差距的主要因素，在高收入群体中（50分位、75分位、90分位），禀赋效应是产生差距的主要因素。说明，在流动人口内部，收入差距随分位数提高而明显缩小，但是在低分位数户籍歧视仍然是导致两个群体产生收入差距的重要因素，而在高分位数，户籍歧视消失，个人禀赋成为影响两个群体收入差距的重要因素。从具体的影响因素来看，以教育和经验为核心的人力资本水平是影响乡城流动人口和城城流动人口收入差异的重要因素，但是影响方向存在差异，受教育年限缩小了收入差异，而工作经验则起到了扩大收入差异的作用，可能的原因在于两个群体的就业分布存在差异。

三 基于代际差异的工资差异分解

流动人口基于代际差异分为老一代流动人口与新生代流动人口，表5-4为老一代流动人口与新生代流动人口工资差异的FFL分解结果。从分解结果看，新生代流动人口的对数小时工资显著高于老一代流动人口，10分位、25分位、50分位、75分位和90分位上对数小时工资差异分别为0.2775、0.1120、0.2064、0.1536、0.1481，与前述其他群体呈现的"黏地板效应"特征不同，两个群体的工资差异没有明显的分布特征。

从工资分解的禀赋效应和结构效应看，禀赋效应的贡献率远远大于结构效应的贡献率，并且结构效应只在10分位和25分位显著，在50分位、75分位和90分位的影响不显著，说明流动人口内部代际之间收入差距的影响更多来自禀赋效应。

进一步观察各影响因素在收入差距中的贡献，在禀赋效应中，影响流动人口代际收入差距的主要因素是受教育年限、工作经验和健康水平，这三个因素属于表征人力资本水平的变量。具体来看，受教育年限的影响效应为正且随分位数水平上升呈递增趋势，说明受教育年限起到了扩大流动人口代际间收入差异的作用。工作经验对收入差异的影响效应为负且绝对值随分位数水平整体呈递增趋势，说明工作经验是缩小两者收入差距的重要因素。在结构效应中，教育、工作经验和健康水平变量对户籍工资歧视的影响总体来看不显著。

表5-4　　老一代流动人口和新生代流动人口工资差异FFL分解

变量	10分位	25分位	50分位	75分位	90分位
总差异					
新生代流动人口	0.0793*** (3.8061)	0.1895*** (10.5925)	0.3799*** (38.1471)	0.4295*** (53.9224)	0.4700*** (58.1366)

续表

变量	10 分位	25 分位	50 分位	75 分位	90 分位
总差异					
老一代流动人口	−0.1982*** (−8.9671)	0.0775*** (5.3402)	0.1735*** (17.6300)	0.2759*** (26.0797)	0.3219*** (33.8019)
总差异	0.2775*** (9.1358)	0.1120*** (4.8625)	0.2064*** (14.7435)	0.1536*** (11.5955)	0.1481*** (11.8596)
禀赋效应	0.4428*** (23.9664)	0.1950*** (15.1082)	0.0887 (1.0009)	0.1432 (0.9025)	0.1605* (1.8707)
禀赋效应贡献率	159.57%	174.11%	42.97%	93.23%	108.37%
结构效应	−0.1653*** (−9.3683)	−0.0830*** (−5.3109)	0.1177 (1.3358)	0.0103 (0.0654)	−0.0123 (−0.1438)
结构效应贡献率	−59.57%	−74.11%	57.03%	6.71%	−8.31%
禀赋效应（可解释）					
教育年限	0.0260 (1.2352)	0.0551*** (2.9389)	0.0774*** (4.0771)	0.0913*** (4.1440)	0.0882*** (4.2227)
工作经验	−0.5391* (−1.9088)	−0.3614** (−2.0818)	−0.3826*** (−3.5992)	−0.5291*** (−4.3916)	−0.5488*** (−4.9251)
经验平方	0.4779** (2.3157)	0.3052** (2.4697)	0.3218*** (4.2501)	0.4351*** (5.1440)	0.4430*** (5.7383)
健康水平	0.0277*** (3.1566)	0.0283*** (4.5599)	0.0292*** (6.3306)	0.0344*** (6.7117)	0.0316*** (6.8560)
性别	−0.0019 (−0.4940)	−0.0016 (−0.5145)	−0.0032 (−0.5525)	−0.0044 (−0.5549)	−0.0046 (−0.5556)
婚姻	0.0053 (0.3755)	0.0039 (0.4500)	0.0023 (0.4449)	−0.0037 (−0.6587)	−0.0061 (−1.2361)
职业	−0.0068 (−1.5844)	−0.0040 (−1.3188)	−0.0050* (−1.9559)	−0.0037 (−1.4014)	−0.0031 (−1.3511)
行业性质	0.0259 (1.5726)	0.0136 (1.5405)	0.0091 (1.5630)	0.0108 (1.5811)	0.0104 (1.5928)
单位性质	−0.0011 (−1.5452)	−0.0006 (−1.1743)	−0.0007 (−1.3929)	−0.0004 (−1.0890)	−0.0003 (−0.8095)

续表

变量	10分位	25分位	50分位	75分位	90分位
禀赋效应（可解释）					
地区	-0.0186 (-0.8810)	-0.0140 (-0.8834)	-0.0160 (-0.8878)	-0.0177 (-0.8880)	-0.0173 (-0.8883)
结构效应（不可解释）					
教育年限	0.3665*** (3.8133)	0.4264*** (5.5912)	-0.0074 (-0.0281)	-0.0626 (-0.1342)	0.1536 (0.6076)
工作经验	0.4446* (1.8935)	0.1618 (0.9975)	-0.0351 (-0.1445)	0.0654 (0.1396)	0.0452 (0.1772)
经验平方	-0.1907 (-1.4585)	-0.0699 (-0.7786)	-0.0801 (-0.5074)	0.0108 (0.0389)	0.0010 (0.0064)
健康水平	-0.0757 (-0.7150)	-0.0765 (-0.8912)	0.5396 (0.7315)	0.9338 (0.7605)	0.4968 (0.7524)
性别	0.0248 (1.0078)	0.0429** (2.0719)	-0.0109 (-0.1776)	-0.1710 (-1.3403)	-0.0685 (-0.9912)
婚姻	-0.6994*** (-4.6145)	-0.6879*** (-4.9902)	-0.4180** (-2.0845)	-1.5326*** (-3.1354)	-1.1139*** (-3.8491)
职业	-0.0106 (-0.1661)	0.0149 (0.2778)	-0.0239 (-0.2257)	0.0498 (0.2723)	0.0731 (0.6762)
行业性质	0.1619 (1.3846)	-0.0287 (-0.3023)	0.3792 (0.8795)	0.7389 (1.0131)	0.3978 (1.0075)
单位性质	0.0084 (0.9331)	0.0109 (1.2133)	0.0062 (0.5851)	0.0048 (0.2741)	0.0034 (0.3573)
地区	-0.1737*** (-4.1884)	-0.2662*** (-7.5025)	-0.4058* (-1.9069)	-0.3094 (-0.8335)	-0.2605 (-1.3046)
常数项	-0.0128 (-0.0533)	0.3978** (2.0520)	0.1819 (0.3631)	0.3306 (0.3530)	0.2908 (0.5393)

注：*、**、***分别表示在10%、5%和1%水平下显著。

四 基于户籍代际差异的工资差异分解及影响因素分析

为了考察乡城流动人口内部的代际工资差异，本部分筛选乡城流动人口进行实证分析。表5-5为乡城流动人口的老一代与新生代工资差异的FFL分解结果。从分解结果看，在乡城流动人口内部，新生代流动人口的对数小时工资显著高于老一代流动人口，10分位、25分位、50分位、75分位和90分位上对数小时工资差异分别为0.2602、0.1545、0.2200、0.2221、0.1415，与前述其他群体呈现的"黏地板效应"特征不同，两个群体的工资差异没有明显的分布特征。

表5-5　　　　　老一代与新生代工资差异FFL分解

变量	10分位	25分位	50分位	75分位	90分位
总差异					
新生代流动人口	0.0432* (1.6801)	0.1912*** (10.0861)	0.3777*** (36.9000)	0.4377*** (59.0696)	0.4330*** (52.4060)
老一代流动人口	-0.2169*** (-9.7572)	0.0368* (1.8902)	0.1576*** (11.8348)	0.2157*** (20.8105)	0.2915*** (26.0172)
总差异	0.2602*** (7.6498)	0.1545*** (5.6873)	0.2200*** (13.0983)	0.2221*** (17.4308)	0.1415*** (10.1682)
禀赋效应	0.4623*** (12.4169)	0.2963** (2.1157)	0.2665*** (2.9193)	0.3050*** (21.4712)	0.2549*** (20.2510)
禀赋效应贡献率	177.67%	191.78%	121.14%	137.33%	180.14%
结构效应	-0.2022*** (-5.2947)	-0.1418 (-1.0213)	-0.0465 (-0.5141)	-0.0830*** (-6.2739)	-0.1134*** (-9.8711)
结构效应贡献率	-77.71%	-91.78%	-21.14%	-37.37%	-80.14%
禀赋效应（可解释）					
教育年限	0.0314 (1.2838)	0.0766*** (2.6057)	0.0966*** (3.3658)	0.0901*** (3.5681)	0.1116*** (3.6537)
工作经验	-0.4230 (-1.4148)	-0.3259 (-1.3652)	-0.4284*** (-2.6136)	-0.3965*** (-3.3605)	-0.4948*** (-3.8142)
经验平方	0.4011* (1.9145)	0.3181* (1.9258)	0.3595*** (3.1849)	0.3322*** (4.1476)	0.4139*** (4.7067)

续表

变量	10分位	25分位	50分位	75分位	90分位
\multicolumn{6}{c}{禀赋效应（可解释）}
健康水平	0.0259*** (2.9986)	0.0395*** (4.6921)	0.0389*** (6.1180)	0.0318*** (6.4068)	0.0374*** (6.7398)
性别	-0.0010 (-0.2740)	-0.0008 (-0.2684)	-0.0012 (-0.2836)	-0.0020 (-0.2865)	-0.0031 (-0.2870)
婚姻	0.0114 (0.7832)	0.0133 (1.0824)	0.0078 (0.9754)	0.0043 (0.7860)	0.0009 (0.1536)
职业	-0.0156*** (-2.7737)	-0.0158*** (-2.7049)	-0.0078* (-1.9061)	-0.0079** (-2.2744)	-0.0069* (-1.8700)
行业性质	0.0473** (2.3441)	0.0347** (2.2944)	0.0188** (2.2118)	0.0175** (2.3247)	0.0203** (2.3583)
单位性质	-0.0010 (-1.4561)	-0.0006 (-0.9221)	-0.0006 (-1.1434)	-0.0006 (-1.2457)	-0.0001 (-0.3116)
地区	-0.0305 (-1.2806)	-0.0309 (-1.2878)	-0.0250 (-1.2938)	-0.0272 (-1.3007)	-0.0304 (-1.3014)
\multicolumn{6}{c}{结构效应（不可解释）}
教育年限	0.3910** (2.1977)	-0.8189 (-0.6157)	0.0774 (0.1253)	0.2145*** (2.9302)	0.2899*** (4.6053)
工作经验	0.2107 (0.6416)	-0.7718 (-1.0975)	0.0995 (0.1800)	0.0884 (0.9749)	0.0768 (0.8959)
经验平方	0.0950 (0.5100)	0.2685 (0.8855)	0.1206 (0.5346)	-0.0246 (-0.5661)	-0.0283 (-0.6697)
健康水平	-0.0242 (-0.0836)	3.4534 (0.8696)	1.2764 (0.7964)	0.0556 (0.3204)	0.0344 (0.2422)
性别	-0.0814 (-1.3305)	-0.0079 (-0.0592)	-0.1270 (-1.0063)	0.0098 (0.6026)	0.0279* (1.9423)
婚姻	-1.5102*** (-3.0123)	-1.8422 (-1.6095)	-1.7303*** (-2.9871)	-0.4300*** (-5.8189)	-0.4342*** (-6.6251)
职业	0.1128 (0.5779)	-0.1809 (-0.3517)	-0.0718 (-0.3107)	0.0143 (0.4331)	0.0456 (1.5650)

续表

变量	10分位	25分位	50分位	75分位	90分位
结构效应（不可解释）					
行业性质	0.0121 (0.0494)	0.1398 (0.2691)	0.2732 (0.8365)	−0.0104 (−0.1787)	−0.0522 (−1.0064)
单位性质	0.0317 (0.8124)	0.0292 (0.5827)	0.0094 (0.4712)	0.0020 (0.9291)	0.0025 (1.3997)
地区	−0.0358 (−0.3415)	−0.3395 (−0.7946)	0.0255 (0.1081)	−0.1189*** (−4.0337)	−0.1649*** (−6.4339)
常数项	0.6276 (0.9671)	0.0748 (0.0327)	0.1030 (0.0930)	0.1326 (0.9114)	0.1025 (0.8169)

注：*、**、*** 分别表示在10%、5%和1%水平下显著。

从分解的禀赋效应和结构效应看，禀赋效应的贡献率远远大于结构效应的贡献率，从10分位到90分位分别为177.67%、191.78%、121.14%、137.33%、180.14%，而结构效应的系数为负，并且结构效应在10分位、75分位和90分位的影响显著，而在25分位和50分位影响不显著。结构效应表征代际间年龄歧视的程度，负值表示在劳动力市场中，乡城流动人口面临年龄的反向歧视问题。

进一步观察各影响因素在收入差距中的贡献，在禀赋效应中，影响乡城流动人口代际收入差距的主要因素是受教育年限、工作经验和健康水平，这三个因素属于表征人力资本水平的变量，在影响方向和影响程度上存在较大差异。具体来看，受教育年限对收入差距的影响为正值，但是在10分位数不显著，可能的原因是低收入群体的工作对受教育年限要求不高。在其他收入水平则起到了扩大流动人口代际间收入差异的作用。工作经验对收入差异的影响在10分位和25分位水平不显著，而在50分位、75分位和90分位显著，说明工作经验是缩小中高收入水平的重要因素。除此之外，工作性质、行业性质也是影响乡城流动人口代际差异的重要因素。

第五节　本章小结

一　工资差异主要集中在收入分布的末端，呈现鲜明的"黏地板效应"特征

基于户籍差异，本研究对乡城流动人口和城镇本地职工的工资差异、流动人口内部的乡城流动人口和城城流动人口的工资差距进行了分解。这两类群体的工资差距随着收入分位数的上升逐步下降，两个群体的工资差异主要集中在收入分布的末端，呈现鲜明的"黏地板效应"特征。

二　禀赋效应是影响流动人口户籍收入差距的主要因素，受教育年限扩大了收入差异，而工作经验则起到了缩小收入差异的作用

基于工资差异，本研究分别对乡城流动人口和城镇本地职工的工资差异、流动人口内部的乡城流动人口和城城流动人口的工资差异进行了分解。观察禀赋效应和结构效应的贡献率，个人禀赋是两者工资差异的主要来源，随着收入层级的提高，个人禀赋在收入差异中的作用越大，表征户籍歧视的结构效应对工资差异的影响不显著。禀赋效应中，以教育和经验为核心的人力资本是影响乡城流动人口和城镇本地职工收入差异的重要因素，但是影响方向存在差异，受教育年限扩大了收入差异，而工作经验则起到了缩小收入差异的作用。

三　以人力资本为主的禀赋效应是影响流动人口代际收入差异的主要因素，但是在低收入群体的工资差异中存在代际歧视

流动人口基于代际差异分为老一代流动人口与新生代流动人口，与前述其他群体呈现的"黏地板效应"特征不同，两个群体的工资

差异没有明显的分布特征。从工资分解的禀赋效应和结构效应看，流动人口内部代际差异中，禀赋效应的贡献率远远大于结构效应的贡献率，结构效应在低收入水平（10分位和25分位）影响显著，在高收入水平（50分位、75分位和90分位）影响不显著，说明流动人口内部代际之间收入差异的影响更多来自禀赋效应，但是在低收入水平中存在代际歧视。

第六章　流动人口教育收益率及组群差异实证分析

我国工业化和城镇化衍生了大规模的流动人口，并成为推动我国经济快速发展的重要动力。目前，我国面临人口老龄化引发的人口红利消减问题，劳动力流动作为人力资本投资的重要方式，可以从劳动力供给数量和人力资本优化配置两个途径实现未来人口红利的延续。因此，促进劳动力的自由流动是推动我国未来经济增长非常重要的方式。2019年12月，中共中央办公厅、国务院办公厅联合印发了《关于促进劳动力和人才社会性流动体制改革的意见》，进一步破除了劳动力流动的制度障碍，使劳动力能够通过自身的努力获得公平发展的机会，我国正进入一个充满活力的流动时代。

流动人口作为城市移民，实现社会融合是我国实现以人为核心的新型城镇化的必由之路，收入水平是经济融合的核心内容，也是推动流动人口流动的根本动力，随着改革的推进，我国流动人口由最初的农民工为主的同质化群体，转变为户籍身份、受教育水平、就业结构等多元化的群体，由此收入也呈现复杂化和多样化的特点。以教育为核心的人力资本作为影响流动人口工资收入的最重要因素[1]，并成为影响流动人口内部收入分化的重要因素。

同时，流动人口结构的多元化趋势使教育收益率具有明显的群

---

[1] 杨娟、赵心慧：《教育对不同户籍流动人口收入差距的影响》，《北京工商大学学报》（社会科学版）2018年第5期。

体异质性，教育收益率反映了人力资本的生产性功能和配置性功能的发挥水平。根据七普数据，目前流动人口规模接近3.8亿，占我国总人口的四分之一，其中城城流动人口和新生代流动人口比重明显上升。这种变化使流动人口在户籍性质、受教育程度、代际结构以及衍生出的就业分布、收入水平等方面呈现出多维分化的特征，但既有文献缺乏对流动人口教育收益率内部差异的关注。基于以上背景，本章对流动人口的教育收益率及其组群差异进行深入的分析，微观上从户籍、代际结构和收入层级等多维视角探讨流动人口内部的教育收益率差异，厘清教育对不同类型流动人口收入的作用模式和作用强度，反映流动人口教育的收入效应以及结构性差异；从宏观上来评价劳动力市场发育程度和人力资本的配置效率，为决策者制定精准的人力资本提升路径和相关的收入再分配政策提供决策参考，以推进以人为核心的城镇化战略目标的实现。

第一节　文献综述

教育对收入的促进作用表现为两方面，一是生产性功能，人力资本理论认为，劳动者通过教育投资提高人力资本含量来影响劳动生产效率，从而使受教育程度高的劳动者获得较高的收入回报；二是信号功能，根据筛选理论，由于劳动力市场信息不完全，雇主将受教育程度作为识别求职者能力的信号，并以此为依据进行岗位配置和工资决定[①]。因此，在上述两种作用机制下，教育通过影响劳动生产效率和就业岗位，而最终表现为教育收益率差异。我国现有研究成果证实了教育对流动人口收入的提升作用，但研究的侧重点有所不同。

第一类研究主要关注流动人口与城镇居民教育收益率的组间差

---

① Spence A. M., "Job Market Signaling", *Quarterly Journal of Economics*, Vol. 87, No. 3, 1973, pp. 355-374.

异。在相当长的一段时期，农民工在城镇劳动力市场面临户籍收入歧视，农民工与城镇职工存在明显的收入差距[1]，研究重点在于通过探讨农民工与城镇职工的教育收益率来解释两者收入决定机制的差异。根据不同数据的估计结果，农民工教育回报率水平为2%—5%，均低于同一时点的城镇职工教育收益率[2]。而在相同学历的情况下，农民工与城镇职工的教育回报率相似，表明农民工与城镇职工的工资决定机制正在趋同[3]。

第二类研究是流动人口内部的教育回报率差异，现有研究成果大多证实了人力资本对流动人口收入的提升作用，改革之初，大量的农村剩余劳动力流向城市，形成以农民工为主体的流动人口。因此，早期的教育收益率研究聚焦于农民工群体，由于户籍制度及其附着其上的福利制度"义理化了劳动力市场分割"[4]，农民工很难进入城市的正规劳动力市场[5]，城市居民与农民工分处不同的劳动力子市场，户籍身份成为影响农民工收入的主要因素，教育回报率也存在明显差异[6]。相关实证结果显示，农民工的教育回报率在2%—5%[7]，比城市居民的教育回报率低4.4个百分点[8]。随着流动人口的多元化，流动人口内部开始出现明显的收入分层[9]，国内学者开始更多关注流动人口内部的教育回报率差异。研究显示，乡城流动人口

---

[1] 章莉等：《中国劳动力市场上工资收入的户籍歧视》，《管理世界》2014年第11期。
[2] 郭凤鸣、张世伟：《农民工过度劳动是"自愿选择"还是"无奈之举"？——基于过度劳动收入补偿的分析》，《劳动经济研究》2020年第4期。
[3] 孙婧芳：《城市劳动力市场中户籍歧视的变化：农民工的就业与工资》，《经济研究》2017年第8期。
[4] 蔡昉、都阳、王美艳：《户籍制度与劳动力市场保护》，《经济研究》2001年第12期。
[5] 赵西亮：《教育、户籍转换与城乡教育收益率差异》，《经济研究》2017年第12期。
[6] 谢嗣胜、姚先国：《农民工工资歧视的计量分析》，《中国农村经济》2006年第4期。
[7] 邢春冰、贾淑艳、李实：《教育回报率的地区差异及其对劳动力流动的影响》，《经济研究》2013年第11期。
[8] 姚先国、赖普清：《中国劳资关系的城乡户籍差异》，《经济研究》2004年第7期。
[9] 段成荣、马学阳：《当前我国新生代农民工的"新"状况》，《人口与经济》2011年第4期。

的平均教育收益率显著低于城城流动人口,人力资本要素对城城流动人口收入的提升作用更为明显,并且这种差异在特大城市更为突出[1]。基于性别、代际、教育程度等维度的细分研究发现,流动人口的教育回报存在显著的性别差距,并且该差距随工龄的增长呈持续扩大的态势。新生代农民工教育收益率明显高于老一代农民工[2][3]。受教育程度为初中、高中及以上的流动人口的教育收益率高于小学及以下群体的教育收益率[4]。从时间趋势来看,流动人口教育收益率的户籍差异有随时间推移而扩大的趋势[5]。

第三类研究是教育对收入分化的影响。基于教育—收入差距的传导机制,教育收益率在收入分位数上的分布能够有效解释教育对流动人口内部收入差距的影响,如果教育收益率随收入层级提高而递增,则教育扩大了流动人口内部的收入分化,反之,如果教育收益率随收入层级提高而递减,则说明教育具有缩小流动人口内部收入差距的作用。但目前的研究结论尚未达成一致,一部分研究认为,收入水平与教育回报率呈单调递增分布,教育回报率存在"马太效应"[6],并且在新生代流动人口群体中更加明显,加剧了流动人口内部的代际收入分化[7]。也有一些研究发现,不同户籍的流动人口的教

---

[1] 谭静、余静文、李小龙:《流动人口教育回报率的城乡户籍差异及其原因研究——来自2012年北京、上海、广州流动人口动态监测的经验证据》,《中国农村观察》2017年第1期。

[2] 张锦华、王雅丽、伍山林:《教育对农民工工资收入影响的再考察——基于CHIP数据的分析》,《复旦教育论坛》2018年第2期。

[3] 陈纯槿:《中国流动人口教育收益率的出生队列异质性研究》,《教育科学研究》2020年第10期。

[4] 马银坡、陈体标、史清华:《人口流动:就业与收入的区域差异》,《农业经济问题》2018年第5期。

[5] 杨宜勇、王伶鑫:《流动人口教育回报率变动趋势研究》,《中国人口科学》2021年第2期。

[6] 任远、陈春林:《农民工收入的人力资本回报与加强对农民工的教育培训研究》,《复旦学报》(社会科学版)2010年第6期。

[7] 杨宜勇、王伶鑫:《流动人口教育回报率变动趋势研究》,《中国人口科学》2021年第2期。

育回报率收入分布存在差异，乡城流动人口呈正"U"形分布，城城流动人口则呈递增分布①。有些研究则认为城镇居民的教育收益率具有较强的同质性，而农村流动人口的教育收益率表现出随收入层级逐渐增加的趋势②。另一些研究认为，教育回报率在流动人口收入分布上呈现有升有降的"M"形或者"W"形分布形态③。

以上研究表明教育对流动人口收入影响具有不确定性，但是一致肯定了流动人口教育收益率存在明显的户籍、代际差异，并且，从历史趋势来看，受教育程度对流动人口之间的收入分化越来越显著，基于以上文献，本书认为有以下拓展空间，第一，在研究内容上，对流动人口内部教育回报率差异性分析较为分散，缺乏更多维角度的讨论，尤其是目前流动人口城城流动人口和新生代流动人口所占比重提高，收入分化的趋势下，更需要基于以上变化维度对教育收益率的结构性差异进行系统分析。第二，流动人口教育收益率估计存在教育变量的内生性偏误，以往研究仅在均值估计采用工具变量法控制内生性，但是在收入分位数回归中并没有纠正内生性问题，分位数回归估计结果的准确性有待进一步的验证。本书在教育收益率的均值估计和分位数回归中使用工具变量法纠正内生性偏误，使估计结果更具科学性。

第二节　理论模型、数据来源与变量说明

一　理论模型

（一）明瑟收入方程

教育收益率的均值回归是在经典明瑟收入方程（Mincer，1974）

---

① 于潇、孙悦：《城镇与农村流动人口的收入差异——基于2015年全国流动人口动态监测数据的分位数回归分析》，《人口研究》2017年第1期。
② 黄健、高琪：《户籍身份与城镇职工教育收益率——分位回归估计系数的元分析》，《财经科学》2016年第3期。
③ 于潇、陈世坤：《教育会扩大流动人口收入差距吗?》，《教育与经济》2019年第5期。

基础上，纳入就业特征和流动地区等控制变量，对流动人口的教育收益率进行估计，扩展模型如下：

$$Lnwagei = \beta_0 + \beta_1 Edui + \beta_2 EXPi + \beta_3 EXP_i^2 + \beta_4 Xi + \mu \quad (1)$$

方程中，因变量 $Lnwagei$ 为流动人口小时收入的对数，核心解释变量 $Edui$ 为流动人口的受教育年限，β_1 为教育收益率，表示多接受一年教育带来的收入提升百分比，$Expi$ 为流动人口的工作经验，Xi 代表其他控制变量，具体见表6-1。

（二）工具变量模型

能力遗漏变量是导致收入方程 OLS 回归产生内生性的主要原因，能力变量同时影响个体的教育程度和收入水平，由于不可观测性，因而导致教育收益率的 OLS 估计出现偏误。本书采用工具变量法处理内生性问题，方程组如下：

$$Lnwagei = \beta_0 + \beta_1 \hat{Edu} + \beta_2 EXPi + \beta_3 EXP_i^2 + \beta_4 Xi + \mu \quad (2)$$

$$Edui = \alpha_0 + \alpha_1 Zi + \alpha_2 Vi + e \quad (3)$$

（3）式中的 Zi 为教育变量的工具变量，本书使用配偶/父母的受教育年限，Vi 为公式（1）的所有外生控制变量。$\hat{Edu}$ 是 2SLS 估计第一阶段式（3）的预测值，作为解释变量纳入第二阶段的回归公式（2）中。

（三）工具变量分位数回归模型

以上均值回归只能估计教育对收入的整体效应，本书进一步使用工具变量分位数回归模型（IVQR），分析在不同收入分位数上教育对收入的影响。工具变量分位数回归模型的具体公式如下：

$$P(Y \leq Q_\tau(D, X) \mid X, Z) = \tau \quad (4)$$

其中，Y 为被解释变量，D 为内生解释变量，X 为外生变量，Z 为工具变量，τ 为条件分位数。转换为矩阵式（5）：

$$Y = D'\alpha(U) + X'\beta(U) \tag{5}$$

其中，D 是外生变量 X、工具变量 Z 和误差项 V 的函数。不可观测变量通过 U 来影响被解释变量 Y。即，$D = f(X, Z, V)$，$U|_{x,z} \sim \text{Uniform}(0, 1)$ 最小目标函数为式（6）：

$$Q_n(\tau, \alpha, \beta, \gamma) = \frac{1}{n}\sum_{i=1}^{n}\rho_\tau(Y_i - D'_{i\alpha} - X'_{i\beta} - Z'_{i\gamma}) \tag{6}$$

其中，ρ 是 τ 分位点的检验函数。在给定 τ 分位点及其所对应的 (α, τ) 条件下，上述最小化目标函数可表述为：

$$[\hat{\beta}(\alpha, \tau), \hat{\gamma}(\alpha, \tau)] = ar\,gmi\,n_{\beta, \gamma} Q_n(\tau, \alpha, \beta, \gamma) \tag{7}$$

通过式（7）得到 (α, τ) 的估计值：

$$\hat{\alpha}(\tau) = ar\,ginf[Wald_n(\alpha)] \tag{8}$$

根据式（8）采用迭代法可求得 $\hat{\alpha}(\tau)$，通过 Wald 统计量进行检验，求得 τ 分位点处的 α 及 β 的估计值。

二 数据来源和变量说明

（一）数据来源

本章使用的数据来自国家卫生健康委 2017 年的"中国流动人口动态监测调查数据"（CMDS）。调查对象为本地居住一个月及以上、非本区（县、市）户口、15—59 周岁的流动人口，调查内容包括流动人口及家庭人口的基本信息、流动特征、就业、社会保障、收支和居住、基本公共卫生服务等信息，是权威性的全国流动人口调查数据。CMDS 2017 数据的总样本量为 169989 个，本章的核心内容是验证教育对流动人口工资收入的影响，根据研究需要，本章只保留作为雇员的工资劳动者，选取年龄 16—59 岁之间的流动人口样本，根据流动人口的户籍分类，非农业户籍为城城流动人口，农业户籍为乡城流动人口,从 CMDS 数据库中筛选乡城流动人口和城城流动人口样本。删除缺失值、无效值或不适用取值的个案后,最终保留总样本 114054 个,其中乡城流动人口样本 90204 个,城城流动人口样本 23850 个。

(二) 变量说明

1. 因变量和自变量

因变量为流动人口小时收入的对数,核心解释变量为受教育年限,将各教育阶段换算成具体的受教育年限,换算方法见表 6-1。

表 6-1　　　　　　　　变量说明及统计性描述

变量名称	变量说明	均值	标准差
月收入	个人上月工资收入数	3.5183	0.46403
小时收入	个人上月工资收入数/(周工作时长*4)	1.1922	0.31877
受教育年限(年)	未上过学=0,小学=6,初中=9,高中/中专=12,大学专科=15,大学本科=16,研究生=19	10.1149	3.27775
工作经验(年)	年龄-受教育年限-6	20.8312	10.50096
工作经验平方	(年龄-受教育年限-6)^2	544.2096	485.02200
自评健康	健康=1,比较健康=2,不健康但生活能自理=3,生活不能自理=4	1.17	0.415
性别	女=0,男=1	0.57	0.495
婚姻状况	未婚=0,已婚=1(未婚、离婚、丧偶、同居视为未婚;将初婚、再婚视为已婚)	0.95	0.218
户籍性质	农业=0,非农=1	0.21	0.407
职业种类	专业技术人员=1,商业服务人员=2,生产运输人员=3,无固定职业=4	2.23	0.702
行业类型	第一产业=1,第二产业=2,第三产业=3	2.59	0.541

续表

变量名称	变量说明	均值	标准差
单位性质	非公共部门=0，公共部门=1，机关、事业单位定义为公共部门，其他部门定义为非公共部门	0.03	0.161
雇佣形态	雇员=1，雇主=2，自营劳动者=3，其他=4	1.86	0.989
地区	所在区域：东部=1，中部=2，西部=3	1.88	0.874
配偶/父母的受教育水平	同受教育年限	3.36	1.121

资料来源：根据 CMDS 2017 年数据计算得到。

2. 控制变量

控制变量主要包括个体特征变量、就业特征变量、流动特征变量。（1）个体特征变量，包括性别、户籍性质、工作经验、工作经验的平方、婚姻状况、自评健康等。相关的实证结果已验证这些个体特征变量对收入可能具有显著的影响。（2）就业特征变量，由于我国劳动力市场的多重分割，劳动力子市场的收入决定机制存在差异[1]，因此，本章将流动人口就业的行业、单位性质、职业种类等变量纳入收入方程，以控制劳动力市场分割对估计结果的影响。（3）流动特征变量，由于劳动者流入地的经济发展水平和市场环境对流动人口的教育收益率具有重要影响，因此，本书将流入地区变量纳入模型，以控制流入地的影响。

3. 工具变量

本章选择"配偶/父母的受教育年限"作为教育的工具变量。相关研究认为，家庭背景或者配偶信息与个体教育具有匹配性的，相

---

[1] 陈云松：《农民工收入与村庄网络——基于多重模型识别策略的因果效应分析》，《社会》2012 年第 4 期。

关实证也验证了父母或者配偶的教育程度作为工具变量的有效性[①]。

第三节 流动人口教育收益率实证分析

一 流动人口总体样本实证结果

首先考察流动人口总体的教育收益率，表6-2报告了总样本的估计结果。教育收益率OLS回归结果为2.2%，并在1%的水平下显著，说明控制其他变量后，受教育年限每增加一年，流动人口的收入提高2.2%。经验与收入之间呈倒"U"形关系，表明经验对于收入呈边际效应递减趋势，总体结果方向符合理论预期。

表6-2　　　　　　　流动人口教育收益率：总样本回归

变量	OLS	2SLS
受教育年限	0.022*** (0.000)	0.048*** (0.001)
工作经验	0.003*** (0.000)	0.009*** (0.000)
工作经验平方	-0.000*** (0.000)	-0.000*** (0.000)
自评健康水平	-0.044*** (0.002)	-0.045*** (0.002)
性别（女性）	0.111*** (0.002)	0.092*** (0.002)
婚姻（未婚）	0.129*** (0.004)	0.091*** (0.005)
户籍性质	0.046*** (0.002)	-0.002 (0.003)

---

① 孟凡强、邓保国：《劳动力市场户籍歧视与城乡工资差异——基于分位数回归与分解的分析》，《中国农村经济》2014年第6期。

续表

变量	OLS	2SLS
职业	-0.024*** (0.001)	-0.009*** (0.001)
行业	-0.037*** (0.002)	-0.038*** (0.002)
单位性质	-0.030*** (0.005)	-0.058*** (0.006)
地区	-0.034*** (0.001)	-0.034*** (0.001)
常数项	1.088*** (0.010)	0.756*** (0.014)
Cragg-Donald Wald F Statistic	13483.18	
r2_a	0.170	0.136
N	114054	

注：括号内为稳健标准误，*、**、*** 分别表示在10%、5%、1%水平上显著。

根据以往的实证结果，OLS估计得到的结果偏低，原因可能是能力遗漏变量和样本选择导致的内生性偏误，因此，我们在OLS回归基础上，首先采用工具变量法模型处理教育的内生性，"配偶/父母的受教育年限"作为教育的工具变量。为了验证模型的有效性，进行弱工具变量检验。如表6-2的2SLS回归结果，第一阶段回归的F值远大于10，说明"配偶/父母受教育年限"不是弱工具变量，能够较好地解决教育的内生性偏误，流动人口教育收益率的估计结果提高到4.8%，明显高于OLS回归结果，说明教育的内生性会显著低估流动人口的教育收益率。

二 教育收益率的异质性分析

（一）基于户籍的异质性分析

表6-3报告了乡城流动人口、城城流动人口的教育收益率，教

育对两类群体收入的 OLS 回归和 2SLS 回归结果表明，教育能够显著提高收入水平。考虑能力遗漏变量的内生性偏误，本章采用"配偶/父母的受教育年限"作为工具变量，使用工具变量法对教育的内生性进行纠正，从回归系数大小来看，2SLS 回归结果明显高于 OLS 回归结果，说明如果不控制变量的内生性将低估教育收益率。

纠正教育的内生性偏误后，乡城流动人口的教育收益率为 3.8%，城城流动人口教育收益率为 6.8%，两者相差 3%，说明在流动人口内部，教育收益率存在显著的户籍差异，教育收益率的户籍差异体现了两个群体收入决定机制的差异，并且导致流动人口内部的收入分化。

对于乡城流动人口和城城流动人口来说，教育收益率差异存在的原因，更多来自就业途径的影响，一方面，说明在我国城镇劳动力市场上，流动人口内部也存在就业的户籍隔离问题，城城流动人口在职业和行业选择中具有户籍优势，比外来的农村劳动力更可能获得教育回报率高的工作；另一方面，城城流动人口的平均受教育水平高于乡城流动人口，尤其是拥有高等学历的比例，明显高于乡城流动人口，因而，城城流动人口从事的更多是正规的、技术性工作，其所拥有的知识在工作中能得到充分利用，教育收益率更高，而乡城流动人口就业大多集中在对教育程度要求不高的非正规就业领域，难以体现教育的收入效应。

表 6-3　　　　　　　　　流动人口教育收益率的户籍差异

变　量	乡城流动人口		城城流动人口	
	OLS	2SLS	OLS	2SLS
受教育年限	0.017*** (0.000)	0.038*** (0.001)	0.039*** (0.001)	0.068*** (0.001)
工作经验	0.002*** (0.000)	0.007*** (0.001)	0.007*** (0.001)	0.013*** (0.001)

续表

变量	乡城流动人口 OLS	乡城流动人口 2SLS	城城流动人口 OLS	城城流动人口 2SLS
经验平方	-0.000*** (0.000)	-0.000*** (0.000)	-0.000*** (0.000)	-0.000*** (0.000)
健康水平	-0.045*** (0.003)	-0.045*** (0.002)	-0.043*** (0.005)	-0.047*** (0.005)
性别（女性）	0.114*** (0.002)	0.097*** (0.002)	0.106*** (0.004)	0.093*** (0.004)
婚姻（未婚）	0.138*** (0.005)	0.107*** (0.005)	0.079*** (0.010)	0.038*** (0.010)
民族	-0.002 (0.004)	-0.025*** (0.004)	-0.018** (0.008)	-0.024*** (0.008)
职业	-0.017*** (0.002)	-0.006*** (0.002)	-0.035*** (0.003)	-0.015*** (0.003)
行业	-0.032*** (0.002)	-0.036*** (0.002)	-0.037*** (0.004)	-0.031*** (0.004)
单位性质	-0.031*** (0.007)	-0.053*** (0.008)	-0.056*** (0.007)	-0.087*** (0.009)
地区	-0.031*** (0.001)	-0.031*** (0.001)	-0.046*** (0.002)	-0.050*** (0.002)
_cons	1.105*** (0.011)	0.841*** (0.016)	0.967*** (0.024)	0.499*** (0.031)
Cragg-Donald Wald F Statistic	8442.33	3312.22		
r2_a	0.126	0.102	0.242	0.199
N	90204	23850		

注：括号内为稳健标准误，*、**、*** 分别表示在10%、5%、1%水平上显著。

（二）流动人口教育收益率的户籍代际差异

考虑到1980年之后出生的新生代劳动力已成为劳动力市场的主力，并且新老两代劳动力在教育水平、就业结构以及流动模式都有了显著的差异，本部分在户籍分类的基础上，进一步将流动人口分为乡城老一代、乡城新生代、城城老一代、城城新生代四类，考察流动人口教育收益率的户籍代际差异，表6-4报告了2SLS估计结果。

表6-4　　　　　流动人口教育收益率的户籍代际差异

变量	乡城 2SLS 回归 老一代	乡城 2SLS 回归 新生代	城城 2SLS 回归 老一代	城城 2SLS 回归 新生代
受教育年限	0.032*** (0.002)	0.045*** (0.001)	0.066*** (0.002)	0.074*** (0.002)
工作经验	0.007*** (0.001)	0.013*** (0.001)	0.011*** (0.002)	0.023*** (0.002)
经验平方	−0.000*** (0.000)	−0.000*** (0.000)	−0.000*** (0.000)	−0.000*** (0.000)
健康水平	−0.052*** (0.003)	−0.034*** (0.004)	−0.064*** (0.007)	−0.022*** (0.008)
性别（女性）	0.081*** (0.004)	0.102*** (0.003)	0.066*** (0.006)	0.091*** (0.006)
婚姻（未婚）	0.074*** (0.011)	0.142 (0.087)	0.015 (0.018)	0.001 (0.002)
民族	−0.005* (0.002)	−0.009*** (0.002)	−0.013*** (0.004)	−0.018*** (0.004)
职业	−0.037*** (0.003)	−0.031*** (0.003)	−0.039*** (0.006)	−0.025*** (0.005)
单位性质	−0.027*** (0.002)	−0.035*** (0.002)	−0.036*** (0.003)	−0.060*** (0.003)
_cons	0.936*** (0.025)	0.630*** (0.089)	0.574*** (0.047)	0.330*** (0.045)
Cragg-Donald Wald F Statistic	3528.89	4951.20	1341.46	1894.51
r2_a	0.077	0.091	0.168	0.182
N	47543	42661	11282	12568

注：括号内为稳健标准误，*、**、***分别表示在10%、5%、1%水平上显著。

四类流动人口中,乡城老一代、乡城新生代、城城老一代、城城新生代的教育收益率分别为3.2%、4.5%、6.6%、7.4%,从低到高依次为乡城老一代、乡城新生代、城城老一代、城城新生代。教育对各类型流动人口的收入都具有显著的提升作用,同时,教育收益率的分化作用也十分明显,在流动人口户籍差异方面,无论是老一代还是新生代,城城流动人口的教育收益率均高于乡城流动人口,说明教育对城城流动人口的提升效应更大;具体地,乡城老一代和城城老一代的教育收益率差异为3.4%,乡城新生代和城城新生代的教育收益率差异为2.9%,与老一代相比,新生代之间的教育收益率差异缩小,但是绝对值处于比较高的水平。

在两类流动人口内部,乡城老一代教育收益率低于乡城新生代1.3%,城城老一代教育收益率低于城城新生代0.8%,各类型内部代际间的教育收益率差异小于户籍间的代际差异,说明户籍身份仍然是影响教育收益率的重要因素。

(三) 稳健性检验

由于样本中乡城流动人口与城城流动人口受过大学教育的比例差距比较大,乡城流动人口的主体为高中及以下的农民工,根据CMDS 2017数据,受过大学本科及以上的占比仅为3%,而城城流动人口中受过大学教育的占比为21.2%,已有研究表明,外来户籍(包括农村户籍和城市户籍)的大学生在保留原有的户籍状态下,毕业后仍然能够进入城市的主要劳动力市场。因此,对于流动人口来说,高等教育不仅能够增加人力资本含量,而且具有信号功能,能够突破原有户籍身份的制约,获得正规就业的机会,在职业分布、收入决定机制存在较大差异,可能会使教育收益率的户籍差异估计存在偏差,基于此,本节删除数据中受过大学教育及以上的样本,只保留流动人口中的学历为高中及以下的样本进行稳健性检验,如表6-5所示。

表 6-5 的结果显示，删除大学教育及以上的样本之后，各类型流动人口的教育收益率略有下降，但各类型流动人口教育收益率的差异基本保持不变。与城城流动人口的教育收益率相比，乡城流动人口教育收益率低 2.3%，城城老一代教育收益率高于乡城老一代 2.8%，城城新生代教育收益率高于乡城新生代 2.2%；在城乡流动人口内部，新生代的教育收益率高于老一代，相对于户籍差异，内部的代际差异较小，这和前文呈现的教育收益率的差异程度也是一致的，再次验证了实证结果的稳健性。

表 6-5　　　　　　流动人口教育收益率的 2SLS 估计

变量	流动人口总样本	乡城流动人口	城城流动人口	乡城老一代	乡城新生代	城城老一代	城城新生代
受教育年限	0.041*** (0.001)	0.036*** (0.001)	0.059*** (0.002)	0.030*** (0.002)	0.042*** (0.002)	0.058*** (0.003)	0.064*** (0.003)
样本量	108156	89039	19117	47042	41997	2106	7708

注：括号内为稳健标准误，*、**、*** 分别表示在 10%、5%、1% 水平上显著。

三　收入层级与教育回报率

在均值回归的基础上，本节使用工具变量分位数回归分析流动人口总样本、乡城流动人口、城城流动人口不同收入层级的教育收益率分布。与分位数回归相比，本部分使用"配偶/父母的受教育程度"作为工具变量进行分位数回归，以纠正估计结果的内生性问题。选取第 10、25、50、75、90 分位点分别表示流动人口在低、中低、中位、中高以及高分位点上的工资水平。

（一）流动人口总样本的收入分层与教育收益率

流动人口总样本的分位数回归结果如表 6-6 所示，教育收益率随收入分位数的提高呈递增趋势，并且随着收入水平的提高，教育对收入的提升幅度变大，在流动人口 10 分位、25 分位、50 分位的教育收益率分别为 4.5%、4.4%、4.5%，总体分布平稳，75 分位和 90 分位，教育收益率则提高至 5.1% 和 5.9%，教育对高收入层级的影响幅度更大，加速了流动人口内部高收入群体与低收入群体的收入分化。

表 6-6　　　　　　流动人口总样本的收入分层与教育收益率

变量	IVQR_10	IVQR_25	IVQR_50	IVQR_75	IVQR_90
受教育年限	0.045*** (0.002)	0.044*** (0.001)	0.045*** (0.001)	0.051*** (0.001)	0.059*** (0.002)
工作经验	0.012*** (0.001)	0.010*** (0.001)	0.009*** (0.000)	0.008*** (0.001)	0.008*** (0.001)
经验平方	-0.000*** (0.000)	-0.000*** (0.000)	-0.000*** (0.000)	-0.000*** (0.000)	-0.000*** (0.000)
健康水平	-0.053*** (0.004)	-0.045*** (0.003)	-0.038*** (0.003)	-0.036*** (0.003)	-0.040*** (0.004)
性别（女性）	0.086*** (0.003)	0.092*** (0.002)	0.102*** (0.002)	0.102*** (0.002)	0.093*** (0.003)
婚姻（未婚）	0.077*** (0.008)	0.070*** (0.007)	0.077*** (0.006)	0.089*** (0.007)	0.101*** (0.009)
户口性质	-0.009 (0.006)	-0.008* (0.004)	-0.016*** (0.004)	-0.039*** (0.004)	-0.091*** (0.006)
民族	-0.009*** (0.002)	-0.007*** (0.002)	-0.011*** (0.002)	-0.015*** (0.002)	-0.015*** (0.002)
职业	-0.044*** (0.003)	-0.045*** (0.002)	-0.041*** (0.002)	-0.037*** (0.002)	-0.029*** (0.003)
行业	-0.022** (0.010)	-0.025*** (0.008)	-0.051*** (0.007)	-0.096*** (0.008)	-0.131*** (0.010)
area	-0.056*** (0.002)	-0.045*** (0.001)	-0.039*** (0.001)	-0.031*** (0.001)	-0.018*** (0.002)
_cons	0.610*** (0.016)	0.693*** (0.013)	0.776*** (0.012)	0.820*** (0.013)	0.852*** (0.017)
N	114054	114054	114054	114054	114054

(二）分户籍流动人口收入分层与教育收益率

分户籍类型看，乡城流动人口在 10 分位、25 分位和 50 分位的教育收益率分别为 3.9%、3.7%、3.6%，变化幅度较小，教育回报更偏向高收入群体，75 分位和 90 分位的教育收益率提高至 4% 和 4.4%，总体上呈递增趋势，但教育对各收入层级的影响幅度差异不大，尤其是中低收入群体教育收益率相差甚微，说明教育对乡城流动人口尤其是乡城流动人口的低收入群体的增收效应有限。城城流动人口的教育收益率随收入层级呈明显的递增分布特征，从影响程度来看，同样是对中低收入群体影响较小，10 分位、25 分位和 50 分位的教育收益率分别为 6.2%、6.3%、6.5% 的平稳分布，在 75 分位和 90 分位，教育收益率则显著提高至 7.3% 和 7.8%，同样体现对于高收入群体的偏向性。

乡城流动人口与城城流动人口之间，各收入分位数上的教育收益率差异较大，从影响系数来看，城城流动人口各分位数的教育收益率明显高于乡城流动人口，并且随收入水平的提高差异更大，从 10 分位的 2.3% 扩大到 90 分位的 3.4%，说明教育对流动人口城乡收入差异具有分化作用，且在高收入群体分化作用更明显。

表 6-7　　　　分户籍流动人口教育收益率分位数回归结果

	IVQR_10	IVQR_25	IVQR_50	IVQR_75	IVQR_90	样本量
流动人口全样本	0.045*** (0.002)	0.044*** (0.001)	0.045*** (0.001)	0.051*** (0.001)	0.059*** (0.002)	114054
乡城流动人口	0.039*** (0.002)	0.037*** (0.002)	0.036*** (0.002)	0.040*** (0.002)	0.044*** (0.002)	90204
城城流动人口	0.062*** (0.003)	0.063*** (0.003)	0.065*** (0.002)	0.073*** (0.003)	0.078*** (0.003)	23850
差异	0.023	0.026	0.027	0.033	0.034	

(三) 分代际收入层级与教育收益率

表 6-8 分代际的教育收益率分位数回归结果表明，教育对流动人口不同代际收入的影响差异较大，新生代群体在各分位数的教育收益率均高于乡城流动人口。教育收益率在各收入层级的分布来看，老一代流动人口在 10 分位、25 分位、50 分位的教育收益率呈平稳的递增分布，到 75 分位和 90 分位的教育收益率出现较大幅度的增长；新生代流动人口教育收益率随收入层级提高呈递增分布，在 75 分位和 90 分位上的回归系数明显提高，教育对新生代流动人口收入的提升作用大于同分位数的老一代流动人口。表明教育对不同代际流动人口的作用模式相似，在作用幅度上则偏向于新生代流动人口。

表 6-8　　分代际流动人口教育收益率分位数回归结果

	IVQR_10	IVQR_25	IVQR_50	IVQR_75	IVQR_90	样本量
老一代流动人口	0.041*** (0.003)	0.042*** (0.002)	0.044*** (0.002)	0.047*** (0.002)	0.053*** (0.003)	
新生代流动人口	0.049*** (0.002)	0.049*** (0.002)	0.051** (0.002)*	0.057*** (0.002)	0.066*** (0.002)	59954

第四节　本章小结

本研究使用 2017 年 CMDS 数据，基于 Mincer 收入方程，运用 OLS 回归、工具变量法（IV）、工具变量分位数回归方法实证分析流动人口的教育收益率，并从户籍、代际以及收入层级 3 个维度考察教育收益率的异质性，并进一步分析教育对流动人口内部收入分化的影响。

本研究实证发现：（1）教育对各类型流动人口的收入具有显著的提升作用，乡城流动人口与城城流动人口两个群体的教育收益率存在较大的户籍差异，城城流动人口的教育收入效应高于乡城流动人口3%。(2) 教育收益率的户籍代际差异明显，不同户籍流动人口之间的代际差异大于同一类型流动人口内部的代际差异。在乡城老一代、乡城新生代、城城老一代、城城新生代四类流动人口中，乡城老一代的教育收益率低于城城老一代，乡城新生代的教育收益率低于城城新生代，与老一代相比，新生代之间的教育收益率差异缩小，但是绝对值处于比较高的水平。(3) 流动人口教育收益率随收入层级提高呈递增分布，教育的增收效应更偏向于高收入层级，这一模式也同时存在于基于户籍和代际分类的流动人口中。在作用幅度上，城市户籍和新生代流动人口占优。

以上研究结论表明，教育对流动人口具有较强的增收效应，但是由于教育收益的群体偏向性，首先，处于收入分布低端位置的农村流动人口难以获得优质教育资源，教育的人力资本生产功能不够明显；其次，他们在城镇就业市场往往面临不平等待遇，教育的人才配置功能难以有效发挥。以上原因加速了流动人口内部的收入分化。因此，在当前我国实现共同富裕的政策目标下，应该采取精准措施实现教育对收入的公平促进作用。第一，增加农村地区的教育投入，提高教育质量，保证农村居民在教育机会和教育资源方面的公平性，提高农村居民的受教育水平和受高等教育的机会，这是减少城市劳动力市场户籍歧视，缩小教育收益率差异的根本途径。第二，加强流动人口子女的教育投资，尽快普及12年教育，重点对象是农村户籍儿童，加强在人口流入地的教育均等化，促进留守儿童和进城随迁子女在城市获得更优质的教育。第三，教育在不同群体中的收入效应强度不同，需要更精准地识别不同群体教育收益率的提升路径，乡城流动人口就业更多集中在对教育、技能要求不高的领域，教育对收入的提升作用有限，因此，没必要过分强调这部分群体受教育程度的作用，而应该重点关注这部分群体的劳动保护以及在流入地的社会保障权益状况,通过制定精准的政策来帮助其获得合理的报酬和社会保障权益,从而有效提升教育收益率。相关研究表明,2007年至2013年,中国政府加强了收入分配和社会保障的相关政策力度,对于低收入人群的收入增长都会有显著作用[1]。第四,人力资本要素在新型流动人口中发挥的作用更为明显。这说明教育在不同职业中所发挥作用的程度并不相同,需要更加精准地看待教育的作用。劳动密集型产业对受教育程度要求较低,提高受教育程度并不能有效提升这部分人收入水平,这是行业特点所决定的。因此,没有必要强调这部分受教育程度的重要性,而应该结合这部分人的特征和需要,加强劳动保护,维护其合法权益,帮助其获取合理的报酬。是政府的惠民政策有利于低学历者提高收入。第五,新生代流动人口是城市新移民的主要组成部分,教育回报明显高于老一代流动人口,政府应该继续完善市场机制,优化流动人口的人力资源配置,更好地激发新生代流动人口的自身价值,同时,倡导公共服务的同城待遇,加快新生代流动人口的高质量城市化进程。

---

[1] 罗楚亮、陈国强:《收入差距是否改善技术效率——基于省份面板数据的经验分析》,《学术研究》2016年第11期。

第七章 健康人力资本对乡城流动人口的收入效应分析

随着乡城流动人口收入水平的提升,其劳动强度逐渐成为学术界关注的重点问题。相关研究表明,乡城流动人口在城市劳动力市场中仍然处于弱势地位,工作时间长、劳动强度大仍是这个群体就业的主要特征[①],2017 年流动人口动态监测调查数据显示,乡城流动人口每周工作时间超过 57 小时,表明乡城流动人口的健康资本是乡城流动人口获得较高收入水平并在城市能够生存发展的基本条件[②]。

健康资本作为人力资本的重要组成部分,折旧是健康资本的一个重要特点[③],超时劳动虽然在短期实现了收入的快速提升,但是长期来看,会导致乡城流动人口健康损耗速度快于其他群体[④],乡城流动人口的收入可能会随年龄增长出现"断崖式"下降的情况,对健康资本的过度依赖不仅会使这个群体面临更大的健康风险,也会丧失城市化快速推进的可持续动力。因此,本章旨在深入探究乡城流

[①] 谢勇、史晓晨:《农民工的劳动时间及其影响因素研究——基于江苏省的调研数据》,《河北大学学报》(哲学社会科学版) 2013 年第 1 期。

[②] 陆文聪、李元龙:《农民工健康权益问题的理论分析:基于环境公平的视角》,《中国人口科学》2009 年第 3 期。

[③] Grossman Michael, "On the Concept of Health Capital and the Demand for Health", *Journal of Political Economy*, Vol. 80, No. 2, 1972, pp. 223-255.

[④] 杨菊华:《城乡差分与内外之别——流动人口劳动强度比较研究》,《人口与经济》2011 年第 3 期。

动人口健康资本的收入效应以及影响机制，认识和把握乡城流动人口工资决定机制的特殊性，为实现城市化高质量发展制定相关政策提供实证支持和政策建议。

第一节 文献综述

健康人力资本理论源于现代人力资本理论，Mushkin 开创性地将健康资本视为人力资本框架下的重要组成部分，认为"教育和健康"是人力资本理论中处于并列地位的"孪生概念"，与教育只能提高劳动者的质量不同，健康不仅能够提高劳动者的劳动生产率，还可以增加劳动者的工作时间[1]。Schultz 认为，劳动者的健康状况是教育人力资本发挥作用的前提之一，良好的健康不仅会刺激个体去接受更多的教育，还会刺激父母对子女的教育投入，以提高未来潜在收入[2]。基于这些理论，大量的经验研究都证实健康水平劳动生产率的提高对收入的增长具有显著的促进作用。由于各国社会传统和经济发展水平不同，健康资本对收入的影响存在差别。在发达国家，工人能否进入劳动力市场取决于他们的健康状况，而处于劳动力市场上的工人，健康状况下降会使其工作时间和收入显著降低；同时健康冲击存在年龄和性别差异，年轻劳动力的负向产出影响相对较大[3]。在发展中国家，健康状况的改善有助于提高男性劳动力的劳动参与率，并且增加了小时工资收入，但是对女性劳动力并没有产生显著影响，针对巴西工人的研究发现，健康状况的改善显著提高了

---

[1] Mushkin, Selma J., "Health as an Investment", *Journal of Political Economy*, Vol. 70, No. 5, 1962, pp. 129-157.

[2] Ram R., T. Schultz, "Life Span, Health, Savings and Productivity", *Economic Development and Cultural Change*, Vol. 27, No. 3, 1979, pp. 399-421.

[3] Riphahn R., "Income and Employment Effects of Health Shocks: A Test Case for the German Welfare State", *Journal of Population Economics*, Vol. 12, No. 3, 1999, pp. 363-389.

受教育程度较低的男性工人的收入水平[1]。

在考察乡城流动人口人力资本对收入的影响时,健康人力资本是不能忽视的因素。国内大量文献也证明人力资本具有显著的增收效应,但是,关于乡城流动人口人力资本回报影响因素的研究大多集中在教育和培训方面,随着制度性因素对乡城流动人口收入的影响逐渐弱化,乡城流动人口要素禀赋尤其是教育、工作技能等因素的收入效应越来越显著[2],受教育水平对乡城流动人口收入具有显著的正向影响,人力资本存量的差异是导致现阶段城镇劳动力市场工资收入差距的主要原因[3]。目前,国内一些关于健康对劳动力市场影响的研究成果表明,健康资本对工资收入具有显著的增收效应。健康水平的提高能够提高劳动者的收入水平,家庭人均收入水平取决于个人的健康状况,不同群体的健康回报存在差异,农村居民的健康回报大于城市居民,女性的健康回报大于男性[4];后续研究也证实了健康资本对收入的影响机制,认为健康人力资本具有重要的内在价值和工具性价值,对劳动者的劳动参与率、劳动供给时间和劳动生产率都有显著的影响[5]。同时,也有学者证明了乡城流动人口多从事简单的体力型劳动,良好的健康状况是乡城流动人口获取收入的基础,健康状况比教育水平对乡城流动人口收入的影响更大[6]。

此外,根据前文所述,健康资本的收入回报存在异质性差异,

---

[1] Thomas D., Strauss J., "Health and Wages: Evidence on Men and Women in Urban Brazil", *Journal of Econometrics*, Vol. 77, No. 1, 1997, pp. 159-185.

[2] 孟凡强、邓保国:《劳动力市场户籍歧视与城乡工资差异——基于分位数回归与分解的分析》,《中国农村经济》2014年第6期。

[3] 方超、黄斌:《城乡一体化进程中我国流动人口的教育回报与工资收入差距的分解》,《教育科学》2018年第6期。

[4] 刘国恩等:《中国的健康人力资本与收入增长》,《经济学》(季刊)2004年第4期。

[5] 王曲、刘民权:《健康的价值及若干决定因素:文献综述》,《经济学》(季刊)2005年第4期。

[6] 侯风云:《农村外出劳动力收益与人力资本状况相关性研究》,《财经研究》2004年第4期。

会受到性别、城乡等因素的影响，相关学者经过实证分析发现不同收入水平群体的教育回报存在差异[1]，那么不同收入水平的乡城流动人口的健康回报是否存在差异？针对这一问题，国内外涉及的文献并不多，但也有学者考察了不同收入水平群体的健康回报差异，发现农村劳动者的健康收入回报在各个收入分布位置上都高于城市劳动者[2]。基于此，本研究利用分位数回归的方法，进一步研究不同收入水平的乡城流动人口的健康收入回报差异。

基于以往的研究，在健康资本对收入的影响机制方面，健康状况和收入之间存在双向因果关系，即收入与健康是相互影响的，解决双向因果关系造成的内生性问题的方法主要有固定效应模型、联立方程、工具变量法三种。工具变量法的主要难点在于很难寻找到同时满足外生性和相关性两个条件的有效工具变量，以往的文献为本研究工具变量的选取提供了借鉴。王秀芝等选用"过去一年内猪肉的最高价格"作为健康的工具变量，用来纠正因双向因果关系导致的内生性问题所造成的估计偏误[3]。也有学者利用滞后期的健康指标 H_{t-1} 作为工具变量，代替基期的健康指标 H_t 放入回归模型之中，其原因在于 H_{t-1} 和 H_t 的相关性极强并且不会受到基期收入 Y_t 的反向影响，在一定程度上降低了内生性问题造成的估计偏误[4]。

综上所述，我国乡城流动人口人力资本的收入效应相关文献，主要集中在教育和培训方面，对人力资本中的健康资本关注不足，虽然有小部分文献将健康资本放入工资决定方程，但研究存在明显不足，一方面，多数研究集中在对收入的总体影响效应上，忽略了乡城流动人口内部已经出现收入分化的事实，因而缺乏健康资本对

---

[1] 方超、黄斌：《工资收入视角下的城镇居民的教育回报》，《城市问题》2018年第6期。
[2] 杨玉萍：《健康的收入效应——基于分位数回归的研究》，《财经科学》2014年第4期。
[3] 王秀芝、易婷：《健康人力资本的收入效应》，《首都经济贸易大学学报》2017年第4期。
[4] 邓力源、唐代盛、余驰晨：《我国农村居民健康人力资本对其非农就业收入影响的实证研究》，《人口学刊》2018年第1期。

于不同收入群体的异质性分析。另一方面，健康人力资本对工资收入提升的影响机制研究尚不清晰。理论上，健康对收入通过两个途径作用于收入，一是延长工作时间，二是提高劳动效率。以往的研究很少考虑乡城流动人口健康资本的收入回报是由于增加工作时间还是提高劳动效率，抑或两者都有。另外，由于数据限制，对内生性问题的解决也不充分。

基于此，本研究以明瑟工资方程作为模型基础，利用2017年流动人口动态监测调查数据，首先使用工具变量两阶段最小二乘法，测度在纠正了内生性偏误后乡城流动人口健康人力资本的收入回报，着重考察健康资本对收入的影响机制，并与本地户籍人口的健康收入效应进行对比，从而认识和把握乡城流动人口的工资决定机制特殊性；考虑到乡城流动人口收入分化的趋势，不同收入水平乡城流动人口的健康状况对收入的影响程度存在差异，因此，我们使用工具变量分位数回归估计方法，进一步从收入差距的角度检验健康对不同收入水平的乡城流动人口影响的异质性。

第二节 理论模型

一 模型与方法

（一）明瑟收入方程

本研究以明瑟（Mincer）工资方程作为实证分析的基础模型，Mincer认为在诸多个人收入的决定因素中，人力资本发挥着至关重要的作用，在完全竞争的劳动力市场条件下，人力资本通过提高劳动者的劳动生产率，促进其获得更高的收入。明瑟工资方程以教育人力资本和工作经验作为模型的主要解释变量，其他影响因素为次要解释变量，结合本研究的研究目的，将健康人力资本引入明瑟工资方程，得到如下扩展模型：

$$Ln(wage) = \alpha+\beta H+\gamma EDU+\delta EXP+\lambda X+\varepsilon \qquad (1)$$

（1）式中 $Ln(wage)$ 为个人收入的对数，H 代表健康人力资本，EDU 为受教育水平，EXP 代表工作经验，X 为其他控制变量，包括性别、婚姻状况、职业、所属行业、单位性质、地区，在研究本地户籍人口的模型中还加入了"户口性质"的虚拟变量作为控制变量，ε 为随机误差项。

在对以个人收入的对数作为被解释变量的模型进行回归分析后，可以得到健康资本的收入回报率，为了进一步考察健康资本对收入影响的影响机制是否在乡城流动人口和本地户籍人口间存在差异，我们还需要进一步地探讨。

健康经济理论认为，健康资本具有重要的内在价值和工具性价值，对收入影响的传导机制为两个路径，一是通过增加工作时间提高收入水平；二是通过提高劳动效率提高收入水平，具体如图7-1所示：

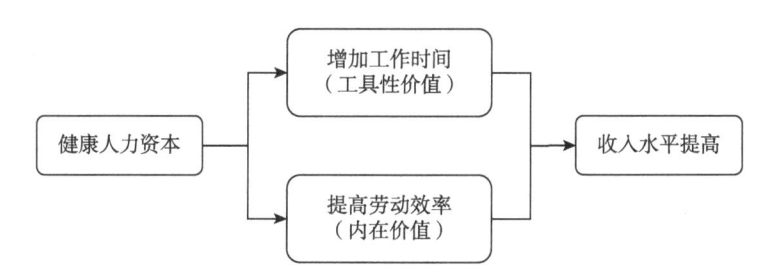

图7-1　健康资本对收入影响的传导机制

根据健康资本对收入影响的传导机制，通过模型（1），可以得出健康资本对收入的总体效应；通过构建以"劳动效率"为被解释变量的模型（2），考察健康资本对劳动效率的影响，可以得出健康资本是否会通过提高劳动效率对收入产生促进作用，将乡城流动人口和本地户籍人口样本的模型（2）估计结果进行对比，可以得出两者健康资本对收入影响的传导机制差异。

$$Ln(rwage) = \nu+\theta H+\omega EDU+\tau EXP+\eta X+\mu \qquad (2)$$

(2) 式中 $Ln(rwage)$ 表示小时工资率的对数,为"劳动效率"的代理变量,其他变量与 (1) 式相同, μ 为随机误差项。

根据以往的研究,健康水平和收入存在双向因果关系造成的内生性问题。良好的健康水平会促进收入的提高,而较高收入的群体会更加重视健康或增加对于健康的投资,从而对健康产生影响,在这种双向因果关系存在的情况下,很难保证 OLS 估计的有效性。因此需要寻找满足相关性和外生性两个严格条件的工具变量,纠正内生性问题造成的估计偏误。本研究采用的 2017 年流动人口动态监测调查数据中包含了大量健康与公共卫生服务的指标,其中可供选择的工具变量较为丰富。

(二) 条件分位数回归

无论是最小二乘法估计还是在纠正了内生性造成偏误的工具变量两阶段最小二乘法估计,都是建立在条件期望 $E(y|x)$ 下的均值回归结果,如果条件分布 $y|x$ 不能满足对称分布,或样本数据中有部分极端值的存在,估计出来的结果都无法准确代表整体样本的趋势。Koenker 和 Bassett 提出的分位数回归思想可以研究解释变量在不同扰动点对被解释变量异质性的影响[①]。由此可见,有必要使用分位数回归的方法来测度不同收入水平乡城流动人口的健康回报。

分位数回归估计方法可以在回归结果中显示条件分布的全面信息,在一定程度上削弱了极端值对估计结果的干扰,相比于最小二乘法估计更具有稳健性。

假设收入条件分布 $y|x$ 的总体 q 分位数 $Y_q(x)$ 是 x 的线性形式:

$$Y_q(x_i) = x_i^1 \alpha_q \tag{3}$$

(3) 式中的 α_q 为 q 分位数上的回归系数,估计量 $\hat{\alpha}$ 为残差绝对

[①] Konenker R., Bassett G., "Regression Quantlies", *Econometrica*, Vol. 46, No. 1, 1978, pp. 33-50.

值加平均的最小化结果：

$$\min_{\alpha_q} \sum\nolimits_{i:y_i \geq x_i'\alpha_q}^{n} q|y_i - x_i'\alpha_q| + \sum\nolimits_{i:y_i < x_i'\alpha_q}^{n} (1-q)|y_i - x_i'\alpha_q|$$

将（3）式基础模型（1）式可得到分位数回归下乡城流动人口健康人力资本收入回报的线性形式：

$$Y_q^{(T)}(wage) = \alpha^{(T)} + \beta^{(T)} H + \gamma^{(T)} EDU + \delta^{(T)} EXP + \lambda^{(T)} X + \varepsilon \quad (4)$$

其中 T 表示乡城流动人口的收入分布，当收入条件发生变化时，健康人力资本积累也相应发生变化。

二 数据来源与变量说明

（一）数据来源

本研究采用的数据来源于国家卫生健康委 2017 年全国流动人口动态监测调查数据，调查范围覆盖了全国省、区、市和新疆生产建设兵团共 32 个省级行政单位，采用分层、多阶段、与规模成比例的 PPS 方法进行抽样，调查对象为在流入地居住一个月以上，非本县（州、区）户口的 15 周岁及以上流动人口。出于研究需要，本研究采用 2017 年流动人口动态监测调查数据中的 C 卷和 D 卷进行定量分析，其中 C 卷是以年度数据为基础，甄选出 8 个有代表性的城市（州、区）的 14000 名流动人口开展的流动人口重点传染病专题调查，涵盖的 8 个城市（州、区）分别为江苏省苏州市、山东省青岛市、河南省郑州市、湖南省长沙市、广东省广州市、重庆市九龙坡区、云南省西双版纳州、新疆维吾尔自治区乌鲁木齐市。D 卷是在 C 卷的基础上删除了流动人口方面问题形成的本地户籍人口调查，问卷内容涵盖被调查者本人及家庭成员的收支情况、工作情况、流动与居住意愿、健康与公共服务、人口基本情况、社区管理与服务、社区传染病防治等情况，并且为工具变量的选取提供了十分丰富的数据支持。结合本章的研究目的，将在流入地居住一个月及以上，非本区（县、市）户口的 16—60 周岁的农业户籍样本筛选出来作为乡城流动人口样本。经过对数据进行处理，最终得到乡城流动人口有效样本数 9859 个，本地户籍人口有效样本数 10755 个，变量的基本统计信息如表 7-1 所示。

（二）变量说明

本研究在变量的选定上主要考虑了四个方面。

1. 因变量和自变量

被解释变量为个人月收入的对数，在既有的关于人力资本收入回报的研究中发现利用年收入作为被解释变量可能会导致对收入回报的低估，因此收入变量所用的是个人上月工资收入的对数；为了进一步研究乡城流动人口和本地户籍人口的健康资本对收入影响的传导机制差异，在模型（2）中还加入了"劳动效率"作为被解释变量，并以"小时工资率的对数"作为"劳动效率"的代理变量，需要指出的是，数据中并未给出具体的小时工资率指标，因此小时工资率是由已有指标计算而来，具体计算过程如下：

$$小时工资率 = \frac{平均日工资}{平均日工作时间} = \frac{个人上个月工资收入/30}{周工作小时数/7}$$

本章的核心解释变量为健康水平，取用健康自评指标为衡量标准，具体划分为"生活不能自理""不健康，但生活能自理""基本健康""健康"四个等级，取值分别为 1—4。

表 7-1　　　　　　　　变量的基本统计信息

变量	乡城流动人口 均值	乡城流动人口 标准差	本地户籍人口 均值	本地户籍人口 标准差
收入的对数	3.57	0.2471	3.54	0.23436
小时工资率的对数	1.19	0.2835	1.25	0.2622

续表

变量	乡城流动人口 均值	乡城流动人口 标准差	本地户籍人口 均值	本地户籍人口 标准差
工作时间	57.20	17.086	46.47	12.245
健康自评	3.85	0.390	3.86	0.365
受教育水平	10.21	3.027	13.16	2.8841
工作经验	18.70	11.049	15.19	10.2919
工作经验的平方项	471.67	487.7312	336.75	401.24
性别	0.56	0.496	0.57	0.496
婚姻状况	0.80	0.400	0.77	0.422
流动范围	1.67	0.584	—	—
流动时长	5.2421	5.4642	—	—
地区	1.81	0.793	1.81	0.833
户口性质	—	—	0.74	0.441
职业	0.35	0.476	0.48	0.499
行业	2.62	0.531	2.73	0.509
所属单位性质	0.02	0.129	0.2629	0.4402
工具变量				
从居住地到最近医疗地点所需要的时间	0.84	0.36	0.87	0.34

资料来源：根据 CMDS 2017 年数据计算得到。

2. 控制变量

（1）其他人力资本变量

受教育水平的衡量标准为受教育年限，按照标准学制划分将"未上过学"取值为 0、"小学"取值为 6、"初中"取值为 9、"高中或中专"取值为 12、"大学专科"取值为 15、"大学本科"取值为 16、"研究生"按照学术型硕士的标准学制取值为"19"。由于数据中并未给出明确的工作经验指标，工作经验由年龄减去受教育年限再减 6 所得，这种做法虽然很粗糙，无法代表乡城流动人口在进入城市之后的工作经验，但工作经验并非静态割裂的，前期的工作经验也可以作为人力资本的一部分对收入产生影响。考虑到边际报酬递减规律，回归模型中还加入了工作经验变量的平方项。

（2）个人特征

由于年龄变量和受教育年限存在共线性，模型中不再加入年龄变量，已经加入模型的工作经验变量是通过年龄计算而来，可以体现年龄和收入间的线性关系。婚姻状况变量将"未婚""离婚""同居""丧偶"视为"未婚"，取值为0。"初婚""再婚"视为"已婚"，取值为1。流动范围变量将"跨省"取值为1、"省内跨市"取值为2、"市内跨县"取值为3。流动时间由2017减去流动年份所得。根据国家统计局所使用的标准地区划分，将数据中的8个城市划分为东、中、西部，取值为1—3。在对本地户籍人口进行估计的模型中还加入了户籍变量，其中"农业户籍"取值为0、"非农业户籍"取值为1。

（3）就业特征

职业变量参照国家统计局的职业类型分类标准划分为9类，数据中的"经商""商贩"，划分为"经商商贩"取值为1；"国家机关、党群组织、企事业单位负责人""公务员、办事人员和有关人员"划分为"企事业单位工作人员"，取值为2；"专业技术人员"取值为3；"餐饮""家政""保洁""保安""装修""快递"划分为"服务人员"，取值为4；"其他商业、服务业人员"取值为5；"农、林、牧、渔、水利业生产人员"取值为6；"生产人员"取值为7；"运输""建筑"划分为"运输建筑人员"取值为8；"其他人员"取值为9。行业类型按照我国《国民经济行业分类》中的行业划分标准，分为第一、二、三产业，分别取值为1—3。单位所有制形式将"机关、事业单位"定义为"公共部门"，取值为1；其他部门定义为"非公共部门"，取值为0。

3. 工具变量

工具变量方面，根据《"健康中国 2030"规划纲要》提出的在 2030 年形成 15 分钟基本医疗卫生服务圈的发展规划，本研究将"从居住地到最近医疗地点所需要的时间"设置为二元变量，其中"15 分钟以内"认定为医疗服务可及性较好，取值为 1；"15 分钟以上"认定为医疗服务可及性较差，取值为 0。

（三）统计性描述

1. 乡城流动人口的收入分层

如前文所述，乡城流动人口的收入水平存在多样化和复杂化的特点，为了验证这个群体是否存在收入分化状况，同时更好地测度健康资本和收入之间的关系，对乡城流动人口的收入水平状况进行统计性描述是有必要的。本研究以 10%、30%、50%、70%、90% 分位数为收入水平的划分点，将乡城流动人口样本的收入水平划分为低收入、中低收入、中等收入、中高收入、较高收入、高收入共 6 个水平，如表 7-2 所示，乡城流动人口的收入分层状况确实存在，其中，中高收入水平群体的占比最高，中等收入水平群体的占比最低。

表 7-2　　　　　　　乡城流动人口的收入分层（元）

收入水平	收入区间	人数	百分比（%）
低收入水平（10%以下）	2000 以下	1514	15.4
中低收入水平（10%—30%）	2000—3000	2658	27.0
中等收入水平（30%—50%）	3000—3500	770	7.8
中高收入水平（50%—70%）	3500—5000	2928	29.7
较高收入水平（70%—90%）	5000—7000	1016	10.3
高收入水平（90%以上）	7000 以上	973	9.9
总计		9859	100

资料来源：根据 CMDS 2017 年数据计算得到，下同。

2. 不同收入水平乡城流动人口的健康自评分布

表7-3为不同收入水平乡城流动人口的健康状况,从中可以看出健康的乡城流动人口占了总样本数的大部分,健康乡城流动人口的百分比根据收入水平的提高,总体呈倒"U"形分布,其中低收入水平的健康乡城流动人口占比最低,相比之下,在越过倒"U"形曲线的顶点(中高收入水平群体)后,健康乡城流动人口的占比虽然有所下降,但下降趋势并不明显。

表7-3　　　　　　　不同收入水平乡城流动人口的健康状况

	不健康,但生活能自理		比较健康		健康	
	人数	百分比(%)	人数	百分比(%)	人数	百分比(%)
低收入水平(10%以下)	42	2.8	260	17.2	1212	80.1
中低收入水平(10%—30%)	25	0.9	391	14.7	2242	84.3
中等收入水平(30%—50%)	6	0.8	91	11.8	673	87.4
中高收入水平(50%—70%)	27	0.9	300	10.2	2601	88.8
较高收入水平(70%—90%)	7	0.7	115	11.3	894	88.0
高收入水平(90%以上)	6	0.6	115	11.8	852	87.6
总计	113	1.1	1272	12.9	8474	86.0

3. 不同收入水平乡城流动人口的职业分布

健康回报率反映劳动力市场对乡城流动人口健康的需求状况,不同职业对于乡城流动人口健康的需求也存在差异,为了更好地体现职业差异对乡城流动人口健康回报的影响,本研究将不同收入水平乡城流动人口的职业分布进行统计性描述,具体如表7-4所示。

4. 不同收入水平乡城流动人口的年龄

不同收入水平乡城流动人口年龄的描述性统计如表7-5所示,不同收入水平乡城流动人口的平均年龄相差不大,但低收入水平和中低收入水平乡城流动人口年龄的标准差明显高于其他收入水平乡城

第七章 健康人力资本对乡城流动人口的收入效应分析

表7-4　不同收入水平乡城流动人口的职业分布（%）

	低收入水平 （10%以下）		中低收入水平 （10%—30%）		中等收入水平 （30%—50%）		中高收入水平 （50%—70%）		较高收入水平 （70%—90%）		高收入水平 （90%以上）	
	人数	占比	人数	占比	人数	占比	人数	占比	人数	占比	人数	占比
经商商贩	475	31.40	625	23.50	100	13.00	827	28.20	333	32.80	478	49.10
企事业单位工作人员	12	0.80	31	1.20	9	1.20	25	0.90	19	1.90	5	0.50
专业技术人员	67	4.40	170	6.40	65	8.40	264	9.00	113	11.10	84	8.60
服务人员	318	21.00	613	23.10	159	20.60	494	16.90	154	15.20	161	16.50
其他商业、服务人员	199	13.10	482	18.10	182	23.60	444	15.20	132	13.00	92	9.50
农、林、牧、渔、水利生产人员	80	5.30	38	1.40	3	0.40	22	0.80	3	0.30	1	0.10
生产人员	142	9.40	340	12.80	136	17.70	377	12.90	86	8.50	37	3.80
运输建筑人员	79	5.20	195	7.30	73	9.50	335	11.40	132	13.00	84	8.60
其他人员	142	9.40	164	6.20	43	5.60	140	4.80	44	4.30	31	3.20

153

流动人口，表明低收入水平和中低收入水平乡城流动人口年龄的离散程度较高，低龄乡城流动人口和高龄乡城流动人口的数量多于其他收入水平群体。

表7-5　　　　　　　不同收入水平乡城流动人口的年龄

	人数	平均值	标准偏差
低收入水平（10%以下）	1514	36.77	11.032
中低收入水平（10%—30%）	2658	34.41	10.152
中等收入水平（30%—50%）	770	32.93	9.629
中高收入水平（50%—70%）	2928	34.5	8.733
较高收入水平（70%—90%）	1016	35.09	7.963
高收入水平（90%以上）	971	35.75	7.885
总计	9859	34.89	9.488

第三节　实证分析与结果

一　乡城流动人口健康资本收入回报的基准回归

为了更好地比较乡城流动人口在城市劳动力市场中的工资差距情况，本研究对本地户籍人口样本进行了同样的回归分析。根据工具变量的特性，本研究先后选取了"是否接受过健康教育""近一年是否有过病伤或身体不适的情况"等工具变量，经过筛选，最终"从居住地到最近医疗地点所需要的时间"通过了检验。

首先进行弱工具变量检验，乡城流动人口样本中的最小特征值统计量为19.6199，本地户籍人口群体样本中的最小特征值为22.5664，均大于一般标准的F统计值10，可以认定不存在弱工具变量。在随后进行豪斯曼检验中，乡城流动人口样本在5%的显著水平上拒绝了"健康水平不存在内生性"的原假设,认为工具变量内生,"从居住地到最近医疗地点所需要的时间"可以作为健康水平的有效工具变量。但是,本地户籍人口群体样本的工具变量进行 Hausman 后发现 P 值为 0.1634,无法拒绝原假设,因此认定普通 OLS 估计结果更加可信。

表 7-6　乡城流动人口与本地户籍人口健康资本对月收入的影响

	(1) 乡城流动人口 OLS	(2) 乡城流动人口 2SLS	(3) 户籍人口 OLS	(4) 户籍人口 2SLS
健康水平	0.0357*** (5.25)	0.3011** (1.93)	0.0411*** (6.98)	-0.1325 (-0.99)
受教育年限	0.0143*** (13.71)	0.0147*** (12.80)	0.0221*** (21.43)	0.0206*** (13.44)
工作经验	0.0074*** (7.74)	0.0070*** (6.63)	0.0062*** (8.05)	0.0052*** (4.68)
工资经验平方	-0.0002*** (-9.22)	-0.0001*** (-3.60)	-0.0001*** (-7.73)	-0.0001*** (-6.90)
性别	0.1110*** (23.33)	0.1067*** (18.61)	0.0912*** (21.96)	0.0932*** (20.65)
婚姻状况	0.0583*** (8.57)	0.0563*** (7.42)	0.0484*** (8.56)	0.0559*** (6.83)
流动范围	-0.0407*** (-10.10)	-0.0422** (-9.34)	—	—
流动时长	0.0008 (1.52)	0.0015*** (2.12)	—	—
户口性质	—	—	0.0378*** (7.29)	0.0320*** (4.66)
地区	-0.0359*** (-11.75)	-0.0273*** (-4.50)	-0.0336*** (-12.74)	-0.0376*** (-9.19)
职业	-0.0088*** (-8.42)	-0.0091*** (-7.91)	-0.0114*** (-12.11)	0.0121*** (-10.83)

续表

	(1) 乡城流动人口 OLS	(2) 乡城流动人口 2SLS	(3) 户籍人口 OLS	(4) 户籍人口 2SLS
行业	-0.0149** (2.84)	-0.0220 (-3.62)	-0.0478*** (-8.99)	-0.0501*** (-8.66)
单位性质	-0.0749*** (-4.79)	-0.0814*** (-4.47)	-0.1066*** (-22.04)	-0.1121*** (-17.09)
常数	3.2494*** (91.19)	2.2030*** (3.58)	3.1952*** (93.26)	3.9199*** (7.01)
ins（工具变量）	—	-0.0381*** (-3.80)	—	-.0394*** (-3.74)
豪斯曼内生性检验	—	P=0.0493	—	P=0.1634
弱工具变量检验	—	F=19.6199	—	F=22.5664

注：括号内为稳健标准误差，*、**、*** 分别表示在10%、5%、1%水平上显著。

表7-6是对乡城流动人口和本地户籍人口分别进行的最小二乘法估计结果和以"从居住地到最近医疗地点所需要的时间"作为工具变量进行的工具变量两阶段最小二乘法估计结果，其中（1）（2）列为乡城流动人口样本的估计结果，（3）（4）列为本地户籍人口样本的估计结果。通过弱工具变量和 hausman 内生性检验，表中（2）（3）两列为可信结果。根据结果显示，健康水平能够对月收入起到显著的正向影响，回归系数在乡城流动人口样本和本地户籍人口样本中分别为0.3011和0.0411，两者间差距约7倍，乡城流动人口健康的收入回报远远超过本地户籍人口，从侧面表明乡城流动人口在就业中对于健康的依赖程度也要远远超过本地户籍人口。

根据表7-1的描述性统计可知，乡城流动人口的平均受教育水平明显低于本地户籍人口，表7-6的回归结果也表明，本地户籍人口受教育水平对收入的影响程度明显超过了乡城流动人口，但是乡城流动人口群体的平均收入略高于本地户籍人口，更突出了健康人力资本的增收作用。

其他控制变量方面,工作经验、性别、婚姻状况的回归系数均显著为正,工作经验的平方项、职业、所属单位性质、行业、地区的回归系数显著为负,两大样本群体中关于这些变量的回归系数差距并不大,乡城流动人口样本中流动范围变量显著为正,流动时间变量显著为负,本地户籍人口样本中户口性质变量显著为正,已有大量文献证实了这些因素对于收入水平的影响,本研究不再赘述。

二 乡城流动人口健康资本对收入的影响机制分析

通过考察乡城流动人口健康资本对劳动效率产生的影响是否能够通过统计学意义上的显著推断,可以看出乡城流动人口的健康资本是否能够通过影响劳动效率来对收入产生影响。因此,这一部分将被解释变量变成"劳动效率",并以"小时工资率"作为"劳动效率"的代理变量。同时,为了体现乡城流动人口健康资本对收入的影响机制差异,这一部分也将本地户籍人口作为独立样本进行了回归分析。

为了验证模型的有效性,首先进行了弱工具变量检验,乡城流动人口样本的最小特征值为19.8366,本地户籍人口的最小特征值为22.7317,都大于一般标准的F统计值10,认为不存在弱工具变量。但是,在随后进行的豪斯曼内生性检验中,乡城流动人口样本和本地户籍样本均不显著,无法拒绝原假设,因此认定OLS结果更为可信。

如表7-7第一列所示,(1)(2)为乡城流动人口样本的估计结果,(3)(4)为本地户籍人口样本的估计结果,经过检验,可以认定(1)(3)为有效估计结果。从中可以看出,当被解释变量改变为小时工资率后,乡城流动人口的健康资本无法产生显著的影响,而在本地户籍人口则在1%的水平上显著为正,回归系数与表7-6中的估计结果相差不大,说明乡城流动人口的健康资本无法对劳动效率产生显著影响,根据图7-1所示的传导机制,乡城流动人口的健康水平更多地体现在工作时间的延长上,而本地户籍人口的健康资本可以同时提高劳动效率、延长工作时间,继而对收入产生影响。乡城流动人口样本和本地户籍人口样本的健康资本对收入影响的传导机制存在明显差异。

表 7-7　乡城流动人口与本地户籍人口健康资本对小时工资率的影响

	(1) 乡城流动人口 OLS	(2) 乡城流动人口 2SLS	(3) 户籍人口 OLS	(4) 户籍人口 2SLS
健康水平	0.0380 (4.65)	0.1462 (0.50)	0.0435*** (6.72)	-0.0798 (-0.55)
受教育年限	0.0218*** (17.34)	0.0215*** (16.23)	0.0255*** (21.50)	0.0245*** (14.66)
工作经验	0.0056*** (5.01)	0.0058*** (4.87)	0.0052*** (5.84)	0.0044*** (3.52)
工资经验平方	-0.0001*** (-6.25)	-0.0002*** (-4.58)	-0.0001*** (-5.67)	-0.0001*** (-5.27)
性别	0.0974*** (17.60)	0.1006*** (15.82)	0.0695*** (14.69)	0.0709*** (14.16)
婚姻状况	0.0376*** (4.59)	0.0392*** (4.56)	0.0480*** (7.21)	0.0534*** (5.70)
流动范围	-0.0302*** (-6.35)	-0.0291*** (-5.81)	—	—
流动时长	0.0011 (1.83)	0.0004 (0.62)	—	—
户口性质	—	—	0.0397*** (6.83)	0.0356*** (4.68)
地区	-0.0231*** (-6.27)	-0.0293*** (-4.50)	-0.0465*** (-15.28)	-0.0494*** (-10.70)
职业	0.0026** (2.17)	0.0028** (2.21)	-0.0071*** (-6.72)	-0.0075*** (-6.21)

续表

	（1）乡城流动人口 OLS	（2）乡城流动人口 2SLS	（3）户籍人口 OLS	（4）户籍人口 2SLS
行业	0.022656 (6.50)	-0.0091 (-1.35)	-0.0601*** (-10.29)	-0.0616*** (-10.00)
单位性质	-0.0070 (-0.38)	-0.0024 (-0.12)	-0.0915*** (-16.22)	-0.0954*** (-12.87)
常数	0.8107*** (19.36)	1.5676** (2.45)	0.9101*** (24.28)	1.4251** (2.34)
ins （工具变量）	—	-0.0383*** (-3.81)	—	-0.0396*** (108.03)
豪斯曼 内生性检验	—	P = 0.2253	—	P = 0.3829
弱工具 变量检验	—	F = 19.8366	—	F = 22.7317

注：括号内为稳健标准误差，*、**、*** 分别表示在10%、5%、1%水平上显著。

三 稳健性检验

稳健性检验的作用主要是考察指标解释能力的强壮性，最广泛采用的方法是对变量进行替换或者对变量进行重新取值，如果系数的显著性和符号并未发生明显的变化，则可以认为模型估计结果较为稳健，反之则认为模型估计结果不稳健。

文中模型（1）和模型（2）的解释变量大致相同，只对被解释变量进行了改变，导致在乡城流动人口样本中核心解释变量"健康自评"的显著性出现区别，但并不影响将两个模型进行对比作为稳健性检验的方法，原因在于以"劳动效率"作为被解释变量剔除了延长工作时间对收入产生的影响。而在被解释变量改变之后，除乡城流动人口样本中的"健康自评"变量外，包括本地户籍样本估计结果在内的其他变量，符号和显著性并未发生明显变化，因此可以认定，模型（1）的估计结果较为稳健。

四 乡城流动人口健康人力资本收入回报的异质性特征

(一) 条件分位数回归

分位数回归的方法能够清晰地反映整个条件分布的全貌，本研究利用 bootstrap 100 次抽样后的条件分位数回归，对健康资本的收入效应在各分位点上的表现进行观测，分别将 10%、30%、50%、70%、90%分位点上的个人收入视为低、中低、中、中高、高收入群体的收入分布。

从表 7-8 可以看出，在条件分位数回归估计结果中，健康人力资本在低、中低、中、中高、高收入群体下的回归系数分别为 0.0483、0.0380、0.0369、0.0305、0.0238，除高收入群体外，其他群体都在 1%的水平上通过了统计学意义上的显著推断，总体呈不断下降的趋势（图 7-2 第 2 栏），表明乡城流动人口的收入水平越高，健康资本带来的收入回报越低，同时也说明乡城流动人口的收入水平越高，在获取收入过程中对于健康的依赖性越低，而对于高收入水平的乡城流动人口来说，健康资本对收入产生的影响最低，且没有通过显著性检验，说明高收入水平乡城流动人口在劳动过程中对于健康没有显著的依赖性。

表 7-8　乡城流动人口健康人力资本收入回报的分位数回归

	q10	q30	q50	q70	q90
健康水平	0.0483 *** (4.00)	0.0380 ** (4.31)	0.0369 *** (5.52)	0.0305 *** (5.47)	0.0238 (1.32)
受教育年限	0.0167 *** (11.49)	0.0130 *** (12.62)	0.0134 *** (10.23)	0.0126 *** (11.92)	0.0153 *** (9.04)
工作经验	0.0024 *** (5.35)	0.0064 *** (6.56)	0.0071 *** (6.84)	0.0071 *** (6.57)	0.0091 *** (5.45)
工资经验平方	-0.0002 *** (-5.95)	-0.0002 *** (-7.60)	-0.0001 *** (-8.31)	-0.0002 *** (-6.50)	-0.0001 *** (-5.04)

续表

	q10	q30	q50	q70	q90
性别	0.0995*** (10.70)	0.1037*** (18.19)	0.1155*** (19.61)	0.1137*** (17.97)	0.1116*** (12.06)
婚姻状况	0.0215* (1.87)	0.0373*** (5.63)	0.0455*** (5.42)	0.0645*** (8.09)	0.0933*** (6.42)
流动范围	-0.0425*** (-5.02)	-0.0371*** (-6.33)	-0.0334*** (-7.26)	-0.0356*** (-9.41)	-0.0364*** (-4.93)
流动时长	0.0015** (2.53)	0.0007 (1.41)	0.0017*** (3.89)	0.0024*** (4.02)	0.0027*** (3.42)
户口性质	-0.0537*** (-9.85)	-0.0434*** (-10.07)	-0.0319*** (-8.42)	-0.0262*** (-7.38)	-0.0209*** (-3.93)
地区	-0.0021 (-2.12)	-0.0030** (-2.69)	-0.0079*** (-6.18)	-0.0127*** (-13.32)	-0.0202*** (-10.88)
职业	0.0215 (2.32)	0.0066 (1.26)	0.0032 (-0.69)	0.0023 (0.49)	0.0276*** (3.28)
行业	-0.0321 (-1.64)	-0.0628*** (-3.28)	-0.0689*** (-5.50)	-0.0640** (-2.57)	-0.0780*** (-2.34)
常数	2.9451*** (55.42)	3.1957*** (82.61)	3.2821*** (120.70)	3.3906*** (135.90)	3.4598*** (48.33)

注：括号内为稳健标准误差，*、**、***分别表示在10%、5%、1%水平上显著。

控制变量方面，在不同的收入分位点上教育、工作经验、性别、婚姻状况、流动时间对收入均产生显著的正向影响，工作经验的平方项、流动范围、地区、职业、单位性质对收入均产生显著的反向影响。值得注意的是，行业因素的影响只在高收入群体中显著，可能是因为乡城流动人口无论从事与平均工资较高的第三产业还是平均工资较低的第一产业，所属的职位都较低，行业的变化对收入产生的影响很小，而对于具备一定专业技能并拥有良好人力资本的高收入乡城流动人口来说，收入水平会因行业的不同而产生波动。

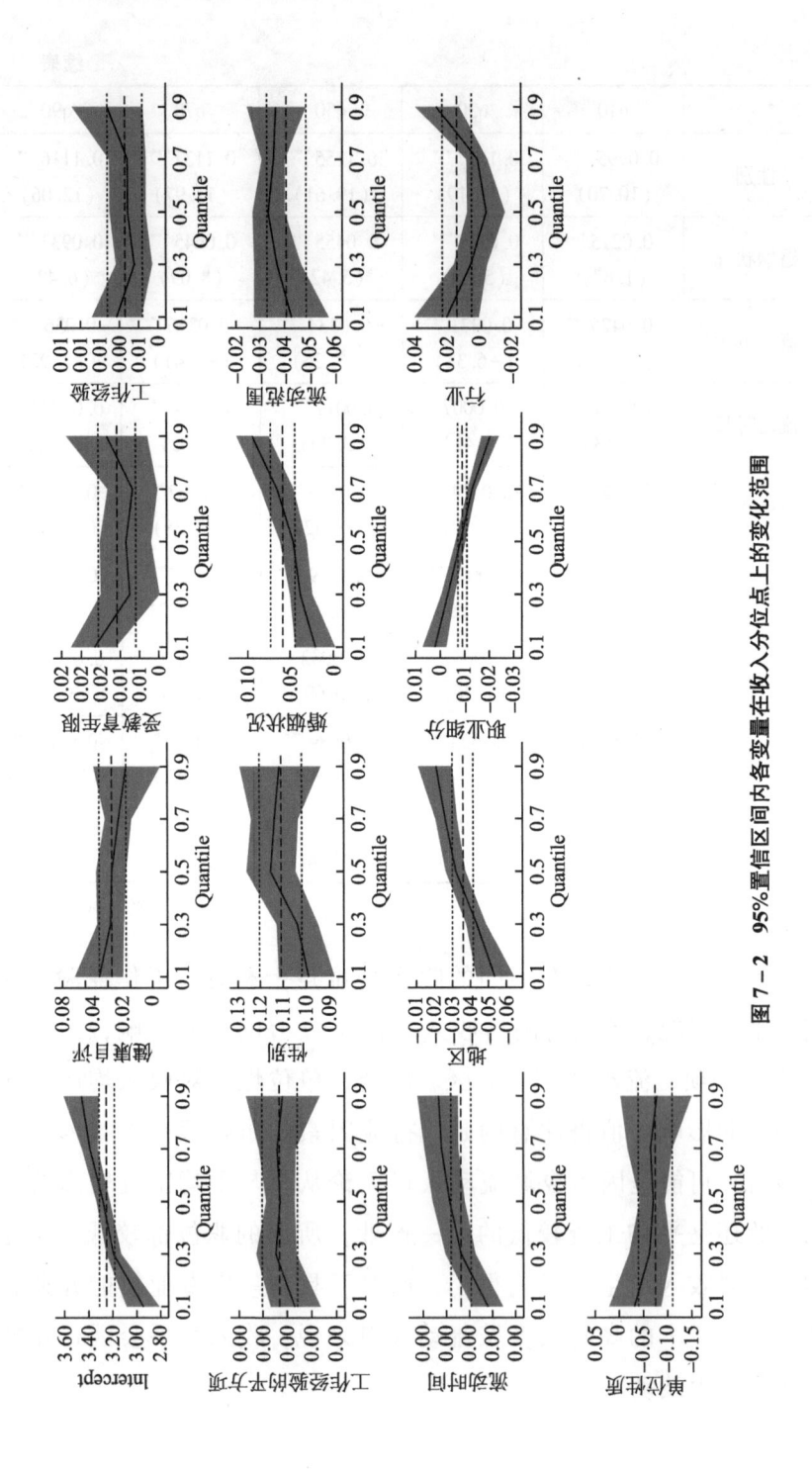

图 7-2 95%置信区间内各变量在收入分位点上的变化范围

(二) 工具变量分位数回归

根据以往的经验，健康人力资本在影响收入的同时，收入也会对健康人力资本产生影响，从而导致对明瑟工资方程估计存在偏差，因此这一部分采用条件分位数回归和工具变量两阶段最小二乘估计方法相结合的估计方法，以"从居住地到最近医疗地点所需要的时间"作为工具变量，进行工具变量分位数回归，克服内生性问题，来探讨不同收入水平下乡城流动人口健康收入效应的变化趋势。

表 7-9 为工具变量分位数回归的估计结果，在加入工具变量纠正内生性造成的偏误后，健康资本的回归系数在各分位点上都有明显的提高，在 10%、30%、50%、70%、90% 分位点上的回归系数分别为 0.1907、0.2872、0.4578、0.3959、0.0504。对比条件分位数回归的结果，健康资本对收入的影响呈倒"U"形分布。

表7-9   工具变量分位数回归

	q10	q30	q50	q70	q90
健康水平	0.1907 *** (20.55)	0.2872 *** (29.73)	0.4578 *** (48.94)	0.3959 *** (40.17)	0.0504 *** (4.55)
受教育年限	0.0150 *** (7.30)	0.0134 *** (8.75)	0.0123 * (1.68)	0.0147 *** (9.44)	0.0156 *** (8.91)
工作经验	0.0070 *** (3.69)	0.0061 *** (4.33)	0.0053 ** (0.79)	0.0067 *** (4.69)	0.0092 *** (5.69)
工资经验平方	-0.0002 *** (-4.27)	-0.0001 *** (-4.81)	-0.0001 ** (-0.69)	-0.0001 ** (-2.85)	-0.0001 *** (-5.57)
性别	0.0971 *** (10.02)	0.1065 *** (14.72)	0.1113 *** (3.23)	0.1046 *** (14.30)	0.1146 *** (13.91)
婚姻状况	0.0284 * (1.91)	0.0418 *** (3.77)	0.0511 * (0.97)	0.0676 *** (6.02)	0.0868 *** (6.87)
流动范围	-0.0393 *** (-4.78)	-0.0332 *** (-5.42)	-0.0332 *** (-1.14)	-0.0448 *** (-7.22)	-0.0371 *** (-5.32)

续表

	q10	q30	q50	q70	q90
流动时长	−0.0012 (−1.30)	0.0012* (1.68)	0.0031*** (0.97)	0.0036*** (5.30)	0.0031*** (3.98)
户口性质	−0.0495*** (−8.10)	−0.0367*** (−8.06)	−0.0220*** (−1.01)	−0.0171*** (−3.71)	−0.0192*** (−3.71)
地区	0.0032 (1.63)	−0.0040** (−2.68)	−0.0112** (−1.59)	−0.0136*** (−9.02)	−0.0209*** (−12.37)
职业	0.0104 (1.06)	0.0063 (0.86)	−0.0097 (−0.28)	0.0058 (0.78)	0.0265** (3.17)
行业	−0.0393 (−1.07)	−0.0595** (−2.18)	−0.0812** (−0.62)	−0.0769** (−2.78)	−0.0798** (−2.56)
常数	1.5508*** (33.05)	1.7836*** (50.91)	−10.1303*** (−60.69)	1.8801*** (53.03)	3.3561*** (84.10)

注：括号内为稳健标准误差，*、**、***分别表示在10%、5%、1%水平上显著。

低收入和中低收入群体的健康回报率较低，可能存在的原因有以下三点：第一，根据表7-4不同收入水平乡城流动人口职业分布的描述统计，低收入和中低收入群体主要从事以糊口为目的的"经商商贩"和"服务人员"类职业，这一类职业对于健康水平的要求较低，健康资本对于收入提高的边际作用不大；第二，根据表7-3不同收入水平乡城流动人口健康水平的统计描述，健康群体所占的比重在低收入和中低收入水平分别为80.1%、84.3%，低于样本总体的平均健康水平，表明低收入和中低收入水平乡城流动人口的平均健康资本存量较低，从而导致这部分群体健康资本的回归系数较低；第三，通过对不同收入水平乡城流动人口的年龄进行统计（表7-5），各收入水平乡城流动人口的平均年龄相差不大，但低收入和中低收入水平的乡城流动人口年龄标准差明显高于其他收入水平的乡城流动人口，表明这部分群体的低龄乡城流动人口和高龄乡城流动人口数量较多，新进入劳动力市场以及即将退出劳动力市场乡城流动人口，可能会由于工作经验的不足或身体机能的下降，健康人力资本的增收效用无法凸显。

第四节 本章小结

本研究在人力资本理论框架下，采用2017年流动人口动态监测调查数据，考察了我国乡城流动人口健康资本对收入的影响效应和作用机制及其在收入水平上的分布差异。有以下三方面的研究发现。

（1）健康资本与乡城流动人口月收入呈显著的正向关系，平均收益率为30.11%，远高于本地户籍人口4.11%的收益率。这表明，乡城流动人口的收入增长更多建立在过度依赖健康资本基础上，乡城流动人口将面临更大的健康风险，从长远来看不利于乡城流动人口获得的可持续收入。这更加凸显旨在增进以乡城流动人口为主的流动人口的健康保障政策势在必行，应尽快实现流动人口的医疗服务和医疗保险的同城化待遇，以降低健康风险冲击对乡城流动人口就业的影响。

（2）健康资本对收入的作用机制上，乡城流动人口健康资本与小时工资率（劳动效率的代理变量）的关系不显著，本地户籍人口则呈显著的正效应。这表明，在城镇劳动力市场中，与本地户籍人口对比，乡城流动人口健康资本对收入的作用机制存在差异。健康资本对乡城流动人口收入提升仅具有工具性价值即依赖于工作时间的增加，而非内在价值—劳动效率的提高，而本地户籍人口健康资本的收入效应来自工作时间增加和劳动效率提升两个方面。说明在劳动力市场化渐进式改革的背景下，乡城流动人口仍处于被分割的劳动力市场中，政府应重视同等禀赋条件下处于不同劳动力市场中劳动者收入回报的公平性。

（3）健康资本对乡城流动人口不同收入水平的影响并非简单线

性关系，健康资本的边际效应在收入水平上呈倒"U"形分布。收入两端的健康收入效应小，中等收入群体的健康资本收入效应最大。进一步研究发现，乡城流动人口的健康资本在不同收入水平上的分布差异主要来自职业特征对健康状况的依赖，乡城流动人口通过选择对健康资本要求高的职业来实现收入在短期内的快速提升。因此，改善乡城流动人口就业对健康资本的过度依赖首先从改善其职业分布入手，而加强乡城流动人口的职业技能培训又是调整职业分布的重要手段。

第八章 社会保障权益获得的户籍差异分析

除了工资收入，社会保障权益也是流动人口收入的重要组成部分。社会保障作为劳动回报的延期收入，主要包括养老保险、医疗保险、工伤保险等社会保险项目。是否能够参加城镇职工的社会保险对于流动人口的风险保护以及市民化具有重要影响，尤其是城镇职工医疗保险，对于其在流入地的医疗服务利用以及居留意愿具有显著影响。但是，在相当长的一个时期，由于劳动力市场分割以及乡城流动人口低人力资本水平的限制，乡城流动人口在城镇劳动力市场上面临着就业、收入以及社会保障权益方面的不平等待遇。随着我国市场环境的完善和劳动力市场供需环境的变化，近期大量的实证表明，乡城流动人口与城镇本地职工的工资水平出现了趋同甚至反超的态势，户籍歧视也总体上呈弱化的趋势[1]，这说明乡城流动人口在城镇劳动力市场长期受到的收入歧视出现了拐点，城镇劳动力市场不再存在传统意义的户籍工资差异问题。但是，工资水平的快速上升并不必然带来社会保障权益的同步提升，由于社会保障制度的户籍隔离和区域隔离，乡城流动人口的社会保障权益仍然存在明显的户籍差异[2]。根据2017年的中国流动人口动态监测对比数据，乡城流动人口的城镇职工医疗保险参保比例仅为35.09%，作为社会

---

[1] 孙婧芳：《城镇劳动力市场中户籍歧视的变化：农民工的就业与工资》，《经济研究》2017年第8期。

[2] 林李月、朱宇：《流动人口社会保险参与情况影响因素的分析——基于福建省六城市的调查》，《人口与经济》2009年第3期。

保险制度的核心项目之一,城镇职工医疗保险不仅能有效提高乡城流动人口在流入地的医疗卫生服务利用水平,而且能够增强乡城流动人口的城市融入感[1]。因此,在乡城流动人口工资快速上涨的背景下,关注乡城流动人口的城镇职工医疗保险权益获得状况,是未来推进我国乡城流动人口市民化的客观要求和重要内容。

第一节 文献综述

关于城镇职工医疗保险权益获得的影响因素研究,目前研究认为,乡城流动人口参保率低是制度、雇主和自身三方面因素作用的结果,在我国当前的社会保险制度框架下,乡城流动人口工作的流动性与城镇职工医疗保险的长期缴费要求相冲突,是影响乡城流动人口参保的制度因素[2]。对于企业来说,参保缴费提高了企业的雇佣成本,因此,在监管宽松的情况下,企业为乡城流动人口参保缴费的动力不足[3]。从乡城流动人口个体因素来看,既有研究认为受教育程度是乡城流动人口获得城镇职工医疗保险权益的重要因素[4],主要原因是不同受教育程度的农民工,抗风险能力以及风险偏好也存在差异,从而做出不同的参保决策[5],此外,劳动合同以及地区经济发展水平等因素也显著影响乡城流动人口的城镇职工医疗保险权益获得[6]。

---

[1] 秦立建、陈波:《医疗保险对农民工城市融入的影响分析》,《管理世界》2014年第10期。

[2] 杨菊华、张莹、陈志光:《北京市流动人口身份认同研究——基于不同代际、户籍及地区的比较》,《人口与经济》2013年第3期。

[3] 赵绍阳、杨豪:《我国企业社会保险逃费现象的实证检验》,《统计研究》2016年第1期。

[4] 刘志军、王宏:《流动人口医保参保率影响因素研究——基于全国流动人口动态监测数据的分析》,《浙江大学学报》(人文社会科学版)2014年第5期。

[5] 秦立建、陈波:《医疗保险对农民工城市融入的影响分析》,《管理世界》2014年第10期。

[6] 郭菲、张展新:《农民工新政下的流动人口社会保险:来自中国四大城市的证据》,《人口研究》2013年第3期。

第八章 社会保障权益获得的户籍差异分析

总之，不同于城镇本地职工的强制性，农民工的社会保险参与具有较强的自我选择性。

户籍歧视是城镇职工医疗保险参保户籍差异的重要来源，目前主流研究使用非线性Blinder-Oaxaca方法进行差异分解，结果表明户籍歧视能够解释城镇职工医疗保险参保差异的30%左右[1]，还有实证结果认为户籍歧视的贡献率不到20%[2]。此外，由于乡城流动人口群体的分化，也有学者对乡城流动人口城镇职工医疗保险参保的性别差异和代际差异进行了分析，分析结果发现总体呈现歧视减弱的趋势[3]。

通过文献梳理发现，目前研究城镇职工医疗保险参与户籍差异的文献较为缺乏，城镇职工医疗保险权益损失对工资差异的影响更没有得到充分的关注。由于我国劳动力市场具有复杂性和动态性，对这些问题进行深入分析具有重要的现实意义。综上所述，本章以城镇职工医疗保险参与的户籍差异作为切入点，探讨在户籍工资差异趋同的背景下，乡城流动人口的城镇医疗保险权益获取的户籍差异，以及城镇职工医疗保险参与对户籍工资差距的影响。具体研究内容如下，第一，使用Logit模型分析和比较乡城流动人口和城镇职工两个群体参与城镇职工医疗保险的影响因素；第二，在此基础上，采用Fairlie非线性分解方法估计两个群体参保差异的来源以及户籍歧视效应。该思路将丰富当前乡城流动人口在劳动力市场上社会福利获得的认知，对化解劳动力市场歧视，推进乡城流动人口市民化具有重要意义。

---

[1] 姚先国、赖普清：《中国劳资关系的城乡户籍差异》，《经济研究》2004年第7期。
[2] 张世伟、郭凤鸣：《分位数上的性别工资歧视——基于东北城镇劳动力市场的经验研究》，《中国人口科学》2009年第6期。
[3] 吴彬彬：《外出农民工城镇社保参与率的性别差异——基于扩展的Blinder-Oaxaca分解》，《中国农村经济》2019年第5期。

第二节 理论模型

一 城镇职工医疗保险选择模型

本章研究内容之一是城镇劳动力市场上城镇职工医疗保险参与的户籍差异，首先构建乡城流动人口和城镇职工的参保决定方程：

$$y_i = \alpha + \beta X_i + \varepsilon \qquad (1)$$

被解释变量 y_i "是否参加城镇职工医疗保险"为二元虚拟变量：是（$y_i=1$）和否（$y_i=0$）。X_i 为影响劳动力参保选择的因素，包括受教育年限、工作经验及工作经验平方、健康水平、性别、婚姻状况等个体特征变量以及职业、行业、单位性质、劳动合同签订、地区等就业特征变量。本章采用 Logit 模型估计城镇职工医疗保险参保的分布概率：

$$P_i = p_r(y_i = 1 \mid 1X_i) = \frac{exp(\beta X_i)}{1 + exp(\beta X_i)} \qquad (2)$$

式（2）中，β 是影响个体参保选择的回归系数，表示解释变量每变化一单位引起被解释变量概率比变动的倍数。回归结果报告平均边际效应，即解释变量变化一单位引起的参保的绝对可能性变化的百分比。

二 城镇职工医疗保险参与的非线性分解

由于被解释变量"是否参加城镇职工医疗保险"是离散变量，本书使用 Fairlie 提出的非线性 Blinder-Oaxaca 分解方法对乡城流动人口和城镇职工的参保差异进行分解：

$$\bar{Y}^U - \bar{Y}^m = \bar{X}^U \hat{\beta}^u - \bar{X}^m \hat{\beta}^m \qquad (3)$$

式（3）中，上标 u 代表城镇本地职工，m 代表乡城流动人口，$\bar{Y}^U-\bar{Y}^m$ 表示城镇本地职工和乡城流动人口的参保差异，分别以城镇本地职工和乡城流动人口为基准，可将差异分解为以下两个公式：

$$\bar{Y}^u - \bar{Y}^m = \left[\sum_{i=1}^{N^u} \frac{F(X_i^u\hat{\beta}^u)}{N^u} - \sum_{i=1}^{N^m} \frac{F(X_i^m\hat{\beta}^u)}{N^m} \right] \\ + \left[\sum_{i=1}^{N^u} \frac{F(X_i^m\hat{\beta}^u)}{N^m} - \sum_{i=1}^{N^m} \frac{F(X_i^m\hat{\beta}^m)}{N^m} \right] \tag{4}$$

$$\bar{Y}^u - \bar{Y}^m = \left[\sum_{i=1}^{N^u} \frac{F(X_i^u\hat{\beta}^m)}{N^u} - \sum_{i=1}^{N^m} \frac{F(X_i^m\hat{\beta}^m)}{N^m} \right] \\ + \left[\sum_{i=1}^{N^u} \frac{F(X_i^u\hat{\beta}^u)}{N^u} - \sum_{i=1}^{N^u} \frac{F(X_i^u\hat{\beta}^m)}{N^u} \right] \tag{5}$$

其中，N^u 和 N^m 分别表示城镇本地职工和乡城流动人口的样本数量。式（4）与式（5）的差异是分别选取城镇本地职工和乡城流动人口为指数基准，即在 β^u 与 β^m 之间选择。式（4）和式（5）右边第一项是个体的特征差异而导致的参保差异，称作禀赋效应，为城镇职工医疗保险参保差异中的合理部分或者可解释部分。第二项是由回归系数不同而产生的参保差异，称为结构效应，为城镇职工医疗保险参保差异中的不合理部分或者不可解释部分，归为户籍歧视效应。根据 Oaxaca 和 Ransom 的研究，采用混合方程系数 β^* 作为权数时标准误差最小[1]，因此，本章采用混合样本回归系数 β^* 作为指数基准，同时汇报乡城流动人口和城镇本地职工样本的回归系数作为基数的分解结果，以进行比较和参考。

---

[1] Oaxaca R. L., Ransom M. R., "On Discrimination and the Decomposition of Wage Differentials", *Journal of Econometrics*, Vol. 61, No. 1, 1994, pp. 5-21.

第三节 数据来源与变量说明

一 数据来源

本章使用的数据来自国家卫生健康委 2017 年的"中国流动人口动态监测调查数据"（CMDS 2017）的对比专题数据。该数据考虑东、中、西部的区域差异、经济发展水平以及城市规模等因素，选取我国东、中、西部 8 个城市的流动人口和户籍人口作为调查对象，其中苏州、青岛、广州为东部城市，郑州、长沙为中部城市，重庆、西双版纳、乌鲁木齐为西部城市。调查内容主要涉及流动人口和户籍人口的基本人口特征、就业情况、流动及居留意愿、社会保障、健康与公共服务、社会融合等。该数据是流动人口和户籍人口的专题调查对比数据，样本量大，覆盖区域广，两个群体的就业、收入和社会保障等信息更准确、更丰富。

根据研究需要，对数据进行如下处理：（1）保留 16 周岁到 59 周岁的样本，根据户籍登记情况筛选乡城流动人口和城镇本地职工，前者的户口性质为农村的流动人口，后者为非农业和居民的本地户籍人口样本。（2）本章的研究对象主要是工资劳动收入，因而仅保留就业身份为雇员的样本。在删除了相关变量的缺失值、无效值或不适用取值的个案后，最终得到有效样本 11195 个，其中乡城流动人口样本 5418 个，城镇本地职工样本 5777 个。

二 变量说明与特征事实

首先对乡城流动人口和城镇本地职工的相关变量进行描述性统计，如表 8-1 所示，乡城流动人口参加城镇职工医疗保险的比例仅为 35.09%，这意味着大约 65% 的乡城流动人口不能享受城镇职工医疗保险权益，城镇本地职工参保比例则达到77.34%，两者的参保差距为42个百分点左右，说明在城镇劳动力市场，两个群体的城镇职工医疗保险权益获取存在明显的差距。

不同于城镇职工医疗保险参保的户籍差异，乡城流动人口和城镇本地职工的月工资收入和小时工资收入呈现趋同的特征。基于收入均值的比较发现，乡城流动人口和城镇本地职工的月工资收入对数均值相等，城镇本地职工小时工资的对数均值则略高于乡城流动人口，这与邢春冰等使用Chip 2018的数据得到的结论相同[①]。

两者的城镇职工医疗保险参保率存在明显的户籍差异，而乡城流动人口和城镇本地职工的工资呈现趋同甚至反超的趋势，本章接下来考察乡城流动人口和城镇本地职工工资水平的影响因素以及是否存在户籍歧视，在此基础上，继续论证流动人口内部收入差异的影响因素。

表8-1　　　　　　　　变量说明及统计性描述

变量名称	变量说明	乡城流动人口	城镇本地职工
月收入（对数）	个人上月工资收入的对数	3.54	3.54
小时收入（对数）	[个人上月工资收入数/（周工作时长×4）]的对数	1.23	1.29
城镇职工医疗保险（%）	参加城镇职工医疗保险=1，不参加城镇职工医疗保险=0	35.09	77.34
受教育年限（年）	未上过学=0，小学=6，初中=9，高中/中专=12，大学专科=15，大学本科=16，研究生=19	10.68	13.83
工作经验（年）	年龄-受教育年限-6	16.02	14.39
自评健康	健康=1，比较健康=2，不健康但生活能自理=3，生活不能自理=4	1.13	1.14

---

① 邢春冰、李溢、杨鹏：《城镇地区还存在对外来务工人员的工资歧视吗？——外来人口分布与城镇地区的工资决定》，《深圳社会科学》2021年第1期。

续表

变量名称	变量说明	乡城流动人口	城镇本地职工
性别	女=0，男=1	0.54	0.55
婚姻状况	未婚=0，已婚=1（未婚、离婚、丧偶、同居视为未婚；将初婚、再婚视为已婚）	0.71	0.75
职业	白领=1，蓝领=0	0.20	0.62
行业类型	第一产业=1，第二产业=2，第三产业=3	3.35	3.09
单位性质	非公共部门=0，公共部门=1，机关、事业单位定义为公共部门，其他部门定义为非公共部门	0.03	0.30
地区	所在区域：东部=1，中部=2，西部=3	1.74	1.80
劳动合同	签订劳动合同=1，未签订劳动合同=0	0.68	0.86

乡城流动人口和城镇本地职工的个人特征变量、就业特征变量大多具有显著差异，从受教育年限来看，乡城流动人口受教育年限低于城镇本地职工3.15年；工作经验方面，乡城流动人口的工作经验高于城镇本地职工1.63年，此外，两者的就业特征包括就业行业，单位性质、职业也存在显著差异。

第四节 乡城流动人口与城镇本地职工的参保估计与差异分解

一 城镇职工医疗保险获得的 Logit 估计

利用Logit模型对乡城流动人口和城镇本地职工的城镇职工医疗保险参保进行估计，回归结果报告参保的平均边际效应，如表8-2所示，受教育年限和工作经验对乡城流动人口和城镇本地职工参保都有显著的影响。受教育年限越多,参加城镇职工医疗保险的概率越高,乡城流动人口受教育年限每提高一年,参保率提高 3.52%,城镇本地职工则提高 3.07%,表明受教育年限能够显著提高两个群体的城镇职工医疗保险的参保率,并且对乡城流动人口的影响效应更大。这一方面可能是教育水平越高保障意识越强;另一方面也可能是教育水平能够影响劳动力的就业地位和议价能力,提高了城镇职工医疗保险的可获得性。工作经验方面,工作经验与参保率呈倒"U"形关系,即参保率随工作经验的增加呈先升后降的变化特征。性别因素对两者参保率没有显著影响,说明参保选择没有显著的性别差异。健康水平和婚姻状况只对乡城流动人口参保影响显著,健康水平低的乡城流动人口参保率比健康水平高的参保率提高 2.84%,体现了参保的逆向选择性,已婚的乡城流动人口比未婚的参保可能性高 4.94%,但对于城镇本地职工群体,健康水平和婚姻状况的影响效应不显著。

劳动合同方面,签订劳动合同对两类劳动力的参保均有显著的正向影响,对乡城流动人口和城镇本地职工参保的影响效应分别为 44.5% 和 30.53%,签订劳动合同的劳动力的参保率远远高于未签订劳动合同者。

表 8-2 乡城流动人口和城镇本地职工参与城镇职工医疗保险的平均边际效应

变量	乡城流动人口	城镇本地职工
受教育年限	0.0352*** (15.2831)	0.0307*** (13.0204)
工作经验	0.0094*** (3.8846)	0.0107*** (5.4739)
工资经验平方	−0.0002*** (−3.5499)	−0.0002*** (−3.2302)
健康水平(健康)	0.0284* (1.7653)	0.0035 (0.2716)

续表

变量	乡城流动人口	城镇本地职工
性别（女性）	0.0162 (1.4855)	-0.0011 (-0.1157)
婚姻（未婚）	0.0494*** (3.1609)	0.0037 (0.2758)
劳动合同（未签订）	0.4453*** (25.2231)	0.3053*** (32.4648)
职业	控制	控制
行业性质	控制	控制
单位性质	控制	控制
地区	控制	控制
r2_a	0.3011	0.2274
N	5418	5777

注：*、**、***分别表示在10%、5%和1%水平下显著；括号内为T值。

二 城镇职工医疗保险获得的户籍差异分解

以上分析结果表明，乡城流动人口和城镇本地职工的城镇职工医疗保险获得的影响因素存在显著差异，在此基础上，我们对两者的参保差异进行非线性分解，以估计城镇职工医疗保险参保差异的来源。

基于乡城流动人口和城镇本地职工的城镇职工医疗保险获得方程的估计结果，本章采用 Fairlie 非线性分解对城镇职工医疗保险参与的户籍差异进行分解，表 8-3 分别列出了基于总样本、乡城流动人口样本和城镇本地职工样本的回归系数为基准的参保差异分解的结果。结果以总样本回归系数为基准，结果显示，禀赋特征差异可以解释总差异的 67.3%，不可解释的部分为 32.7%。说明禀赋特征是导致两个群体参保差异的主要原因，同时，不可解释部分也不能完全归为户籍歧视，有可能是遗漏解释变量的残差影响，比如个人能力和风险意识等。根据表 8-3 的实证结果，对解释变量的贡献程度进行计算，可以得到，受教育年限可以解释总参保差异的 33.78%，在单位性质中，国有单位的贡献率为 29.36%，劳动合同的贡献率为 15.01%。体现了企业对高人力资本群体的偏向性，国有单位和劳动合同则体现了对企业保险缴费行为的约束。由此，可以证明，乡城流动人口参保部分原因是企业正向筛选的结果。

以上分解结果充分说明，乡城流动人口的城镇职工医疗保险权益获取仍然存在显著的户籍差异。在禀赋效应方面，受教育程度对权益获取具有显著影响，规范劳动合同的签订则对乡城流动人口的权益具有重要的保护作用。工作经验对参保率的差异则给出了负向解释，说明工作经验具有缩小参保差异的作用，健康水平、性别、婚姻等变量对参保比例差异的影响不显著。

表 8-3　城镇职工医疗保险获得的户籍差异分解结果

变量	总样本为基准	乡城流动人口为基准	城镇本地职工为基准
总差异	0.4224	0.4224	0.4224
可解释部分	0.2843	0.2143	0.2244
贡献率	67.3%	50.7%	53.1%
受教育年限	0.1822***	0.1142***	0.1331***
工作经验	-0.0327***	-0.0202***	-0.0235***
工作经验平方	0.0175***	0.0091***	0.0186***
健康水平	0.0002	0.0002	0.0003
性别	0.0000	0.0001	0.0000
婚姻	0.0006	0.0009**	0.0013**
劳动合同	0.0813***	0.0982***	0.0745***
职业	0.0098***	0.0091***	0.0110***
行业性质	-0.0005	-0.0009	-0.0012
单位性质	0.0445***	0.0253***	0.0313***

续表

变量	总样本为基准	乡城流动人口为基准	城镇本地职工为基准
地区	-0.0186***	-0.0216***	-0.0209***
不可解释部分	0.1381	0.2081	0.1980
贡献率	32.7%	49.3%	46.9%
样本量		11195	

注：*、**、***分别表示在10%、5%和1%水平下显著。

三 稳健性检验

本部分采用倾向得分匹配法（PSM）对上述结果进行稳健性检验。将城镇本地职工设为处理组，乡城流动人口作为控制组，根据本章使用的数据的样本分布特征，处理组（城镇本地职工组）有5777个观测值，控制组（乡城流动人口组）有5418个观测值，因此，采用一对一最近领域匹配得到处理组的平均处理效应（ATT）。

从表8-4的估计结果可以看出，城镇职工医疗保险参保率具有明显的户籍差异，户籍造成的城镇职工医疗保险参保率的差异值为0.1919，这也验证了前文Fairlie非线性分解的结论：户籍歧视效应是影响乡城流动人口和城镇本地职工参保差异的重要来源。

表8-4　得分倾向值匹配结果（一对一最近领域匹配）

类别	处理组	控制组	ATT值	标准误差	T值
匹配前	0.7734	0.3511	0.4224	0.0084	49.85
匹配后	0.5432	0.3513	0.1919	0.0193	9.96

第五节　本章小结

本章利用CMDS 2017数据，实证分析了乡城流动人口与城镇本地职工的城镇职工医疗保险获得的户籍差异,主要研究结果如下:1. 受教育年限和工作经验对乡城流动人口和城镇本地职工参保都有显著的影响。受教育年限能够显著提高两者的参保率,并且对乡城流动人口的影响效应更大。2. 对城镇职工医疗保险权益获得进行非线性分解表明,个人禀赋特征是参保户籍差异的主要来源,可以解释总差异的67.3%,户籍歧视的绝对值比较高,贡献率达32.7%,仍然是乡城流动人口参与城镇职工医疗保险的主要障碍。

就政策含义而言,虽然我国城镇劳动力市场不再存在传统意义上的户籍工资歧视,但是乡城流动人口的社会保险权益仍然存在户籍歧视,忽略社会保险权益的影响,则会低估乡城流动人口在城镇劳动力市场的户籍歧视程度,因此,对乡城流动人口在城镇劳动力市场户籍歧视的关注应从工资收入转向以社会保险为核心的社会保护体系。

第九章　社会保障权益对工资的影响分析

——以城镇职工医疗保险为例

社会保险是劳动者收入回报的重要组成部分，也是企业用工成本的重要组成部分，企业倾向于以降低员工工资的方式转嫁缴费成本，对于以农民工为主体的乡城流动人口而言，由于农民工对社会保险带来的福利感知较低，相对而言更偏好工资收入，如果参保以降低工资水平为代价，则更倾向于放弃参保，因此，企业社会保险缴费成本的转嫁水平成为影响农民工参保率的主要因素[①]。但是企业承担过高的社会保险缴费成本会导致人工成本增加，进而产生就业挤压。基于此，本章从户籍差异视角，考察城镇本地职工和农民工的城镇职工医疗保险参与对工资的影响，客观评估农民工的社会保险权益以及企业的社会保险缴费成本，在此基础上科学合理地完善农民工社会保障政策，实现社会保障政策与劳动力市场的良性互动。

第一节　理论分析与文献综述

社会保险缴费与工资水平之间的关系可以借用税收转嫁理论的分析框架，企业承担的社会保险费类似于工薪税，企业与员工个人

---

① 周作昂、赵绍阳：《农民工参加城镇职工社保对工资的替代效应》，《财经科学》2018年第7期。

承担的社会保险缴费比率虽然有明确规定，但是在实际操作中，由于社会保险缴费提高了企业的用工成本，企业倾向于降低员工的工资水平转嫁缴费成本，转嫁的程度取决于劳动力市场的供求弹性以及员工的社会保险偏好。在劳动力市场处于均衡状态时，如果劳动力供给弹性越小，或者劳动力需求弹性越大，则雇主以低工资的形式转嫁社会保险缴费的效应越强[1]。对于员工而言，如果员工认为社会保险带来的福利效应小于企业支付的成本，工资降低的幅度就应该小于成本增加的幅度[2]。因而，社会保险缴费的转嫁程度主要受制于劳动力市场的供求关系和员工的社会保险福利评价。

基于以上理论框架，国外学者大多证实了企业会通过降低工资的形式转嫁或者部分转嫁社会保险缴费成本。针对法国数据的研究发现，缴费与福利的关联程度是决定转嫁程度的重要因素，如果缴费与自身福利关联程度较高，并且能够被员工感知到，则企业的转嫁程度较高[3]。基于拉美国家的研究也发现，在现收现付制的筹资模式下，由于社会保险缴费与员工福利之间关联性较小，缴费成本转嫁的可能性也较小[4]。

在我国，社会保险缴费与工资的关系尚未得到一致的结论，一部分研究认为企业通过降低员工工资水平实现了社会保险缴费成本的部分转嫁[5]。还有部分文献认为转嫁效应不明显，钱雪亚等研究发现社会保险缴费对企业工资的影响程度非常有限，社会保险缴费水

---

[1] Gurber J., "The Incidence of Payroll Taxation: Evidence from Chile", *Journal of Labor Economics*, Vol. 15, No. 3, 1997, pp. 72-101.

[2] Summers L. H., "Some Simple Economics of Mandated Benefits", *American Economic Review*, Vol. 79, No. 2, 1989, pp. 177-183.

[3] Bozio A., T. Breda and J. Grenet, "*Does Tax-Benefit Linkage Matter for the Incidence of Social Security Contributions?*", Working Paper, 2019, p. 88.

[4] Maloney W., Goni. E. and Bosch. M., "The Determinants of Rising Informality in Brazil: Evidence from Gross Worker Flows", *Research Working Paper*, World Bank, Washington, D. C., 2007.

[5] 马双、孟宪芮、甘犁：《养老保险企业缴费对员工工资、就业的影响分析》，《经济学》（季刊）2014年第3期。

平提高1%，企业的工资水平仅下降0.0333%①。Li & Wu 也认为养老保险缴费对名义工资没有显著影响，对实际工资也不一定产生替代②。封进的研究则发现医疗保险缴费对整体员工的工资影响不显著，但是，对受教育程度低和技能水平低的群体，医疗保险与工资水平之间则存在替代性③。

关于我国企业社会保险缴费成本未发生转嫁的原因，相关学者从劳动力供需弹性和员工的社会保险偏好两方面进行了解释。基于劳动力供需弹性的分析认为，在劳动力短缺的背景下，社会保险缴费成本未发生转嫁的原因可以从效率工资理论进行解释，如果企业以降低工资转嫁缴费成本，工资水平的降低导致员工激励不足，出现员工流失、企业招聘竞争力不足等问题，因此，企业会在工资水平与雇佣规模之间进行权衡④。企业为了保持员工的稳定性，主动承担缴费成本，将社会保险作为激励手段，一方面可以降低离职所带来的招聘、培训成本，另一方面也达到激励员工提高劳动生产率的目的。社会保险缴费与福利的关联性不足也是未发生转嫁的主要原因⑤，由于我国社保缴费监管存在"半强制"特征，不同于城镇本地职工社会保险参与的强制性，农民工参加城镇职工社会保险体系的监管力度要弱很多⑥，农民工可以根据个人偏好选择城镇职工社会保险或者城乡居民社会保险，具有较强的灵活性和自我选择性。由

---

① 钱雪亚、蒋卓余、胡琼：《社会保险缴费对企业雇佣工资和规模的影响研究》，《统计研究》2018年第12期。

② Li Z., Wu M., "Estimating the Incidences of the Recent Pension Reform in China: Evidence from 100,000 Manufacturers", *Contemporary Economic Polic*, Vol. 31, No. 2, 2013, pp. 332-334.

③ 封进：《社会保险对工资的影响——基于人力资本差异的视角》，《金融研究》2014年第7期。

④ 钱雪亚、蒋卓余、胡琼：《社会保险缴费对企业雇佣工资和规模的影响研究》，《统计研究》2018年第12期。

⑤ 鄢伟波、安磊：《社会保险缴费与转嫁效应》，《经济研究》2021年第9期。

⑥ 赵绍阳、杨豪：《我国企业社会保险逃费现象的实证检验》，《统计研究》2016年第1期。

于农民工受教育程度整体偏低，风险意识差[①]，并且农民工的流动性与社会保险长期缴费的要求存在冲突，农民工对城镇职工社会保险的福利评价低于本地城镇职工，如果以降低工资水平作为参保的代价，会选择放弃。

以上文献梳理可以看出，在我国社会保障制度和劳动力市场背景下，劳动力的供给状况、社会保险的偏好存在明显的城乡差异。而目前文献考察企业社会保险缴费成本的转嫁水平时，大多针对一般员工进行研究，忽视了以上因素导致的社会保险缴费成本对城镇本地职工和农民工转嫁水平的差异性。

基于此，本章使用2017年中国流动人口动态监测对比数据，构建一个微观视角的理论框架，从户籍差异视角，考察城镇职工医疗保险参与对工资的影响。本研究对现有文献的创新主要有以下三个方面。第一，本章在社会保险参与存在户籍差异的制度背景下，考察农民工和城镇本地职工两个群体的城镇职工医疗保险参与对工资的影响，来检验参保对不同类型劳动力转嫁能力的差异；第二，在研究方法上，充分考虑社会保险参与的内生性问题，使用处理效应模型和倾向得分匹配法解决内生性偏误，验证回归结果的稳健性；第三，本章根据我国社会保障制度特点和劳动力市场现状，进一步分析社会保险缴费成本未转嫁给农民工的原因，为相关研究提供新的微观证据。

第二节　理论模型

本章主要关注农民工和城镇本地职工两个群体的城镇职工医疗保险参与对工资的影响，以明瑟工资收入方程为基础构建估计模型，

[①] 秦立建、惠云、王震：《流动人口的社会保险覆盖率及其影响因素分析》，《统计研究》2015年第1期。

在其中引入城镇职工医疗保险变量，对农民工和城镇本地职工分样本进行 OLS 回归，来考察城镇职工医疗保险参与对工资的影响。

$$lnwage = \alpha + \beta_1 medinsurence + \sum \gamma_i X_i + \varepsilon$$

式中，因变量 lnwage 为月工资的对数，medinsurence 是核心解释变量城镇职工医疗保险的虚拟变量，参加赋值为 1，未参加赋值为 0，X_i 为其他控制变量，α 为截距项，ε 为随机误差项。β_1 反映城镇职工医疗保险参与对收入的影响系数。

第三节 数据来源与变量说明

一 数据说明

本章使用国家卫生健康委 2017 年的"中国流动人口动态监测调查"（CMDS）的流动人口与本地户籍人口对比专题数据。该数据是我国权威的流动人口和本地户籍人口的专题调查对比数据，样本量大，覆盖区域广，在就业、收入和社会保障等方面信息更准确、更丰富。根据研究需要，对数据进行如下处理：（1）保留 16 周岁到 59 周岁的样本，根据户籍登记情况筛选农民工和城镇本地职工，前者的户口性质为农村的流动人口，后者为非农业和居民的本地户籍人口样本。（2）本章的研究对象主要是工资收入，因而仅保留就业身份为雇员的样本。在删除了相关变量的缺失值、无效值或不适用取值的个案后，最终得到有效样本 11195 个，其中农民工样本 5418 个，城镇本地职工样本 5777 个。

二 变量说明与描述性统计

1. 被解释变量。本章主要研究城镇职工医疗保险参与对工资的影响。工资收入采用调查问卷上的问题"您个人上个月（或上次就业）工资收入/纯收入"作为衡量指标，纳入模型时取其自然对数作为被解释变量。

2. 解释变量。解释变量为城镇职工医疗保险，根据调查问卷的问题"您是否参加城镇职工医疗保险"设定为二元虚拟变量：参加＝1，未参加＝0。

3. 控制变量。控制变量主要包括影响个体工资的个人特征和就业特征变量。个体特征变量主要包括性别、受教育程度、年龄、年龄的平方、婚姻状况、自评健康等。就业特征变量，主要包括影响工资收入的职业、行业类型、单位性质、劳动合同等变量。职业变量根据社会经济地位和工作强度，将职业分为管理与技术人员，商业、服务业人员，生产、运输人员，无固定职业者四大类。行业变量依据国家行业大类以及研究样本就业的行业分布，将行业变量分为第一产业、第二产业、低端服务业、高端服务业和其他行业五大类。单位性质根据单位的所有制性质，分为国有单位、民营企业、外资企业、其他行业四大类。同时，将个体所在城市变量纳入模型，以控制城市经济发展水平以及户籍歧视程度的影响。具体的变量设定见表9-1。

表9-1　　　　　　　　变量说明及统计性描述

变量	变量说明	均值 农民工	均值 城镇本地职工
月工资（取对数）	个人上月工资（取对数）	3.5862	3.5876
城镇职工医疗保险	参加＝1，未参加＝0	0.35	0.77
受教育年限（年）	未上过学＝0，小学＝6，初中＝9，高中/中专＝12，大学专科＝15，大学本科＝16，研究生＝19	10.68	13.83
年龄（岁）		32.71	34.23

续表

变量	变量说明	均值 农民工	均值 城镇本地职工
自评健康水平	不健康=1，比较健康=2，健康=3	2.87	2.86
性别（男）	男=1，女=0	0.54	0.55
婚姻状况	已婚=1（未婚、离婚、丧偶、同居视为未婚；将初婚、再婚视为已婚），未婚=0	0.71	0.75
职业	管理与技术人员	0.15	0.47
职业	商业、服务业人员	0.45	0.33
职业	生产、运输人员	0.34	0.12
职业	无固定职业者	0.07	0.08
签订劳动合同	签订=1，未签订=0	0.68	0.86
行业类型	第一产业	0.02	0.01
行业类型	第二产业	0.45	0.20
行业类型	低端服务业	0.26	0.17
行业类型	高端服务业	0.18	0.28
行业类型	其他行业	0.09	0.34
单位性质	国有单位	0.09	0.50
单位性质	民营企业	0.47	0.32
单位性质	外资企业	0.12	0.05
单位性质	其他行业	0.31	0.13
城市	所在城市编码虚拟变量（苏州、青岛、广州、郑州、长沙、重庆、西双版纳、乌鲁木齐）	—	—

如表9-1所示，农民工参加城镇职工医疗保险的比例仅为35%，这意味着大约65%的农民工没有参加城镇职工医疗保险，城镇本地职工参保比例则达到77%，两者的参保差距为42个百分点，两个群体的参保率差距明显。不同于城镇职工医疗保险参保差异，两者的

月工资水平整体呈现趋同的特征，工资差距基本消失，这与近年相关文献的统计结果相一致①。进一步对2017年的中国流动人口动态监测数据进行分析发现，参加城镇职工医疗保险的个体工资水平明显更高，在农民工样本中，参保和不参保的月工资水平分别为4493元和3513元，在城镇职工样本中，参保和不参保的月工资水平则分别为4010元和3387元。

第四节 城镇职工医疗保险参与对工资的影响分析

一 基准回归结果

本部分主要从户籍差异的角度考察城镇职工医疗保险参与对工资的影响，表9-2报告了基准回归结果，其中第（1）列为总样本的估计结果，在控制其他变量的情况下，城镇职工医疗保险的估计系数为0.0149，在1%的统计水平上显著，表明参保的工资率比未参保的工资率提高了1.49%。第（2）列为农民工样本的估计结果，城镇职工医疗保险的估计系数为0.0444，在1%的统计水平上显著，说明在农民工群体，参加城镇职工医疗保险的群体相对未参加的群体工资水平提高了4.44%。第（3）列显示了城镇本地职工样本的估计结果，城镇职工医疗保险的系数为正但是不显著。初步验证了农民工和城镇职工的参保对工资影响存在差异，即农民工参保能够显著影响工资水平，而城镇本地职工参保对工资的影响不显著。

上述结果显示农民工参保提升了工资水平，根据税收转嫁理论，可能的解释是，一方面我国农民工在劳动力市场的供给相对稀缺，如果将部分缴费成本转嫁到工资水平，引起员工激励性下降，会导致生产率下降或者员工队伍的不稳定性；另一方面，农民工参保强

---

① 邢春冰、李溢、杨鹏：《城镇地区还存在对外来务工人员的工资歧视吗？——外来人口分布与城镇地区的工资决定》，《深圳社会科学》2021年第1期。

制性较弱的背景下，农民工参保选择灵活。如果参保降低工资水平，农民工会放弃参加城镇职工医疗保险，转而参加成本更低的城乡居民医疗保险。在以上两个因素的影响下，企业将为农民工缴费作为激励手段，提高员工的稳定性，因此农民工工资上升更多地受企业工资决定机制的影响。

表 9-2　城镇职工医疗保险参与对工资的影响（基准回归结果）

变量	总样本	农民工	城镇本地职工
城镇职工医疗保险	0.0149*** (0.0046)	0.0444*** (0.0064)	0.0041 (0.0069)
受教育年限	0.0153*** (0.0007)	0.0115*** (0.0010)	0.0258*** (0.0012)
年龄	0.0168*** (0.0017)	0.0201*** (0.0022)	0.0142*** (0.0026)
年龄的平方	−0.0002*** (0.0000)	−0.0003*** (0.0000)	−0.0002*** (0.0000)
健康水平	0.0296*** (0.0050)	0.0234*** (0.0068)	0.0328*** (0.0067)
男性	0.1088*** (0.0034)	0.1258*** (0.0048)	0.0953*** (0.0048)
已婚	0.0368*** (0.0050)	0.0289*** (0.0069)	0.0337*** (0.0070)
签订劳动合同	0.0228*** (0.0051)	0.0076 (0.0063)	0.0496*** (0.0081)
职业	控制	控制	控制
行业类型	控制	控制	控制
单位性质	控制	控制	控制
城市	控制	控制	控制
常数项	2.6854*** (0.0405)	2.6551*** (0.0508)	2.6578*** (0.0628)

续表

变量	总样本	农民工	城镇本地职工
F 统计量	149.60***	94.87***	83.30***
样本量	11195	5418	5777
adj. R^2	0.2630	0.309	0.282

注：括号内为标准误。*、**、***分别表示在10%、5%和1%水平上显著，下同。

二 内生性处理与稳健性检验

（一）处理效应模型估计结果

上述基准结果初步检验了城镇职工医疗保险参与对农民工和城镇本地职工工资的影响，但是，前提条件是核心解释变量城镇职工医疗保险是外生变量时，基准回归的OLS估计结果才是无偏的。根据之前的分析，在我国目前的社会保障制度背景下，社会保险监管强度具有差异，企业出于成本的考虑，在不同的社会保险缴费监管强度下，社会保险缴费意愿也存在差异，这可能会导致社会保险缴费与残差项的相关性。为纠正内生性偏误，本部分采用处理效应模型（TEM）估计城镇职工医疗保险参与对工资的影响。考虑到企业的缴费意愿受到所在地区政策执行力度变量的影响，在工具变量选取方面，参考大多文献使用的"所在地区其他人的城镇职工医疗保险平均参与率"[1]，本部分使用个人"所在城市其他样本的城镇职工医疗保险参与率均值"作为工具变量，这个变量在一定程度上体现了政策作为外生变量对参保的影响，同时并不直接影响个体的工资水平，本部分采用两步法（Two-Step）对处理效应模型进行估计。

处理效应模型的估计结果如表9-3所示，第（1）列为总样本的估计结果，城镇职工医疗保险变量的估计系数为0.0254，且在1%的

---

[1] 封进：《社会保险对工资的影响——基于人力资本差异的视角》，《金融研究》2014年第7期。

统计水平上显著，第（2）列和第（3）列分别为农民工样本和城镇本地职工样本的估计结果，考虑到内生性后，在农民工样本中，城镇职工医疗保险变量的系数明显变大，方向和显著性没有变化，在城镇职工样本中，城镇职工医疗保险影响系数不显著，以上估计结果与 OLS 估计结果基本一致，且采用两步法估计的逆米尔斯比统计量在农民工和城镇职工的样本模型通过显著性检验。

以上处理效应模型的估计结果体现了农民工和城镇本地职工两个群体参保的工资效应差异。第一阶段的选择方程可以看到，受教育年限对农民工和城镇本地职工参保的影响系数分别为 0.1479 和 0.1290，说明受教育水平对参保率有重要的影响，高学历的劳动者更可能参加城镇职工医疗保险。

表 9-3　　城镇职工医疗保险对工资的影响（处理效应模型）

变量	总样本	农民工	城镇本地职工
回归方程			
城镇职工医疗保险	0.0254*** (0.0098)	0.1206*** (0.0347)	-0.0187 (0.0247)
受教育年限	0.0183*** (0.0017)	0.0082*** (0.0020)	0.0323*** (0.0021)
年龄	0.0148*** (0.0019)	0.0155*** (0.0026)	0.0148*** (0.0026)
年龄的平方	-0.0002*** (0.0000)	-0.0002*** (0.0000)	-0.0002*** (0.0000)
健康水平	0.0274*** (0.0050)	0.0252*** (0.0074)	0.0299*** (0.0070)
男性	0.1188*** (0.0038)	0.1431*** (0.0056)	0.1013*** (0.0052)
已婚	0.0590*** (0.0063)	0.0572*** (0.0113)	0.0450*** (0.0082)

续表

变量	总样本	农民工	城镇本地职工
回归方程			
签订劳动合同	0.0189*** (0.0053)	-0.0008 (0.0069)	0.0496*** (0.0079)
职业	控制	控制	控制
行业类型	控制	控制	控制
单位性质	控制	控制	控制
城市	控制	控制	控制
常数项	2.7006*** (0.0412)	2.7253*** (0.0556)	2.6498*** (0.0614)
选择方程			
所在城市其他样本参保均值	0.0298*** (0.0010)	0.0414*** (0.0019)	0.0255*** (0.0014)
受教育年限	0.1743*** (0.0071)	0.1479*** (0.0109)	0.1290*** (0.0105)
其他控制变量	控制	控制	控制
常数项	-4.9788*** (0.1897)	-5.2785*** (0.2953)	-3.6730*** (0.2728)
Wald 统计量	4917.30***	2425.68***	2415.22***
lambda	0.0183 (0.0145)	-0.0461** (0.0207)	0.0865*** (0.0256)
样本量	11195	5418	5777

注：选择方程中的其他控制变量包括年龄、年龄的平方、健康水平、男性、已婚、签订劳动合同、职业、行业类型、单位性质、城市。

(二) 倾向得分匹配法 (PSM)

除了企业的社会保险缴费意愿的影响，农民工与城镇本地职工群体间在可观测特征和不可观测特征方面也存在显著的差别，比如人力资本、个人偏好等，从而引起自选择偏差导致的内生性问题。本部分进一步采用倾向得分匹配法，在反事实框架下考察城镇职工医疗保险参与对工资的影响。

表9-4　城镇职工医疗保险对工资的影响（倾向得分匹配方法）

分析方法	总样本 ATT	t值	农民工 ATT	t值	城镇本地职工 ATT	t值
近邻匹配（1:2）	0.0242** (0.0095)	2.55	0.0445*** (0.0121)	3.67	0.0097 (0.0131)	0.74
半径匹配	0.0241*** (0.0076)	3.16	0.0401*** (0.0111)	3.62	0.0126 (0.0118)	1.07
核匹配	0.0316*** (0.0073)	4.34	0.04089*** (0.0108)	3.80	0.0113 (0.0125)	0.91

第五节　进一步分析——社会保险缴费为什么没有转嫁给农民工？

一　劳动力短缺引起的供需弹性变化

在我国，劳动力短缺不仅仅表现为熟练工、技术工的短缺，普通用工的短缺问题也比较严重（汤希、任志江，2018）[1]，因此，不管农民工的人力资本水平如何，根据效率工资理论，企业如果想通过为其参保作为激励手段，都难以转嫁缴费成本。

本部分通过考察参保对不同人力资本水平农民工的影响来进行验证。人力资本水平的度量采用两种办法，一是按照受教育程度分为低学历群体和高学历群体两组，"高中及以下"作为低学历群体、"大专及以上"作为高学历群体。另一种按照技能分类，根据职业性质分为管理、技术人员和非管理、技术人员，表9-5同时报告了各

---

[1] 汤希、任志江：《"民工荒"与我国"刘易斯拐点"问题》，《西北农林科技大学学报》（社会科学版）2018年第2期。

分类样本的 OLS 模型和处理效应模型的回归结果,各样本中处理效应模型的逆米尔斯比统计量均不显著,说明 OLS 回归结果是有效的。结果符合理论预期:参加城镇职工医疗保险对工资的影响都具有显著的提升作用,这是因为不同教育程度和不同技能水平的农民工,在劳动力市场相对均处于供不应求的状态,企业难以通过降低工资转嫁缴费成本。

表 9-5　　　　　　　　基于人力资本水平的异质性分析

变量	按教育程度分类			
	高学历群体		低学历群体	
	OLS 模型	处理效应模型	OLS 模型	处理效应模型
城镇职工医疗保险	0.0532*** (0.0134)	0.1719** (0.0864)	0.0358*** (0.0072)	0.0931** (0.0430)
其他变量	控制	控制	控制	控制
常数项	2.1628*** (0.2005)	2.1037*** (0.2446)	2.6977*** (0.0547)	2.7684*** (0.0591)
统计量	F = 68.59***	Wald = 289.62***	F = 70.83***	Wald = 1858.14***
r2_a	0.301		0.296	
样本量	1084	1084	4334	4334
lambda		-0.0673 (0.0507)		-0.0331 (0.0257)
变量	按技能分类			
	管理、技术人员		非管理、技术人员	
	OLS 模型	处理效应模型	OLS 模型	处理效应模型
城镇职工医疗保险	0.0540*** (0.0163)	0.0076 (0.1443)	0.0446*** (0.0070)	0.0956** (0.0383)
其他变量	控制	控制	控制	控制
常数项	2.3926*** (0.1303)	2.6248*** (0.2131)	2.6889*** (0.0535)	2.7322*** (0.0575)
统计量	F = 31.09***	Wald = 280.99***	F = 82.06***	Wald = 1923.50***

续表

变量	按技能分类				
	管理、技术人员		非管理、技术人员	
	OLS 模型	处理效应模型	OLS 模型	处理效应模型
r2_a	0.343		0.295	
样本量	789	789	4629	4629
lambda		0.0229 (0.0855)		−0.0293 (0.0229)

注：表中省略了其他控制变量的估计结果，其他控制变量同表 9-3。

二 农民工对社会保险的福利评价

根据税收转嫁理论，员工对社会保险的福利评价会影响企业缴费成本的转嫁程度。对社会保险的福利评价越高，企业转嫁成本的可能性越大。反之，员工对社会保险的福利评价较低，企业转嫁的可能性就越小。在我国，不同于城镇本地职工参保的强制性，农民工的社会保险参与具有较强的自我选择性，相对于本地职工，农民工对城镇职工社会保险的福利评价较低，如果以降低工资水平为参保的代价，则更倾向于选择缴费水平更低的城镇居民社会保险，只有在不承担缴费成本的前提下，农民工才有意愿参保，因此，农民工参保是在社会保险福利与工资收入之间权衡的结果，更多来自企业对优势农民工的筛选。基于以上分析，城镇本地职工与农民工参保率的差别主要来自个人禀赋而非户籍制度本身，表现为单位性质、劳动合同、受教育程度以及技术和经验等因素的影响。

第六节 本章小结

本章使用 2017 年中国流动人口动态监测对比数据，从户籍差异的视角，实证检验了城镇职工医疗保险参与对工资的影响。研究结果表明，相对于未参保的农民工，参保显著提高了农民工的工资水平，而对城镇本地职工工资的影响不显著。使用处理效应模型和倾向得分匹配法修正内生性偏误后，结论依然成立。本章进一步基于我国的劳动力市场供求状况和农民工参保的制度环境分析发现，未发生缴费转嫁的原因主要是农民工供给短缺、对城镇职工社会保险的福利评价较低。上述研究结论反映了在我国社会保险制度和劳动力市场供求背景下，企业的社会保险缴费成本转嫁能力在城镇本地职工和农民工中的差异。

基于上述研究结论，本章提出以下政策建议：第一，大部分农民工的城镇职工保险还处于缺失状态，对收入的界定应从工资统计口径拓宽到工资加社会保险，以全面评估农民工在劳动力市场的真实收入状况。第二，在规范企业社会保险缴费，维护农民工的社会保险权益时，要充分考虑企业的社会保险缴费成本以及可能的就业挤压效应，尤其在当前经济下行时期，应继续执行社会保险降费政策，在科学评估企业的社会保险缴费成本的基础上，对降费力度进行科学的定位，同时严格缴费监管，实现社会保障制度和劳动力市场运行的良性互动。第三，社会保障制度设计应该充分考虑农民工的流动性以及参保选择的灵活性，完善城镇职工社会保险与城乡居民社会保险的衔接办法，实现农民工在地区间、城乡间的社会保险权益流动。第四，农民工参保是个体决策的结果，参保决策受人力资本水平以及保险偏好的影响，因此，政府应该提高农村居民的受教育水平和技能水平，同时加强社会保险知识的教育，提高个体的风险意识。

第十章　研究结论与政策建议

第一节　研究结论

本研究以劳动力流动理论、人力资本理论和劳动力市场分割为理论基础，使用国家卫生健康委发布的中国流动人口动态监测调查数据，实证分析影响流动人口收入差距的经济特征和非经济特征，全面阐述我国劳动力市场的工资决定机制的市场化程度和变迁趋势。具体研究内容包括：（1）流动人口与本地城镇职工的收入差距影响因素和形成机制分析。采用微观数据，对流动人口和城镇本地职工两个群体收入差距进行分位数分解，全面考察两者工资差距的影响因素和形成机制。（2）流动人口内部收入分化的影响因素和形成机制分析。基于户籍、代际分类，对流动人口内部的收入差距进行分位数分解，全面考察群体间工资差距的影响因素和形成机制。（3）流动人口的教育收益率及组群差异分析，基于 Mincer 收入方程，实证分析流动人口的教育收益率，并从户籍、代际以及收入层级 3 个维度考察教育收益率的异质性，并进一步分析教育对流动人口内部收入分化的影响。（4）流动人口与城镇本地职工社会保障权益获得的差异研究。以城镇职工医疗保险为例，首先实证分析城镇职工医疗保险参与的影响因素；在此基础上使用 Fairlie 非线性分解对城镇职工医疗保险参与的户籍差异进行分解，分析不同变量在社会保障权益户籍差异的贡献程度。主要研究结论如下。

一 流动人口与城镇本地职工的平均收入趋同，流动人口内部不同群体间的收入差距依然明显

基于户籍差异，本研究对乡城流动人口和城镇本地职工的工资差异、流动人口内部的乡城流动人口和城城流动人口的工资差距进行了分解。这两类群体的工资差距随着收入分位数的上升逐步下降，两个群体的工资差异主要集中在收入分布的末端，呈现鲜明的"黏地板效应"特征。

按户籍考察流动人口内部工资差距的变动趋势，乡城流动人口和城城流动人口的平均工资差距的两者的工资差距逐渐缩小，具体到各收入层级的工资差距呈现逐渐缩小甚至消失的趋势。虽然户籍间工资差异变小，但是户籍内部的工资差距仍然存在明显差异，城城流动人口内部、乡城流动人口内部的工资差距均呈现逐步扩大的趋势。

二 以人力资本为主的禀赋效应是影响流动人口户籍收入差异的主要因素

本研究分别对乡城流动人口和城镇本地职工的工资差异、流动人口内部的乡城流动人口和城城流动人口的工资差异进行了分解，观察禀赋效应和结构效应的贡献率。结果发现，个人禀赋是两者工资差异的主要来源，随着收入层级的提高，个人禀赋在收入差异中的作用越大，表征户籍歧视的结构效应对工资差异的影响不显著。禀赋效应中，以教育和经验为核心的人力资本是影响乡城流动人口和城镇本地职工收入差异的重要因素，但是影响方向存在差异，受教育年限扩大了收入差异，而工作经验则起到了缩小收入差异的作用。

三 流动人口代际收入差异中，低收入群体存在代际歧视

流动人口基于代际差异分为老一代流动人口与新生代流动人口，

与前述其他群体呈现的"黏地板效应"特征不同,两个群体的工资差异没有明显的分布特征。从工资分解的禀赋效应和结构效应看,流动人口内部代际差异中,禀赋效应的贡献率远远大于结构效应的贡献率,结构效应在低收入水平(10分位和25分位)影响显著,在高收入水平(50分位、75分位和90分位)影响不显著,说明流动人口内部代际之间收入差异的影响更多来自禀赋效应,但是在低收入水平存在代际歧视。

四 教育收益率具有群体偏向性,加速了流动人口内部的收入分化

不同群体的教育收益率测算结果表明,教育对各类型流动人口的收入具有显著的提升作用,在作用幅度上,城市户籍和新生代、高收入群体占优,教育收益率的群体偏向性,加速了流动人口内部的收入分化。(1)乡城流动人口与城城流动人口两个群体的教育收益率存在较大的户籍差异,城城流动人口的教育收益效应高于乡城流动人口3%。(2)教育收益率的户籍代际差异明显,不同户籍流动人口之间的代际差异大于同一类型流动人口内部的代际差异。在乡城老一代、乡城新生代、城城老一代、城城新生代四类流动人口中,乡城老一代的教育收益率低于城城老一代,乡城新生代的教育收益率低于城城新生代,与老一代相比,新生代之间的教育收益率差异缩小,但是绝对值处于比较高的水平。(3)流动人口教育收益率随收入层级提高呈递增分布,教育的增收效应更偏向于高收入层级,这一模式也同时存在于基于户籍和代际分类的流动人口中。以上结果说明,随着劳动力市场市场化程度的推进,教育作为人力资本的形式,已成为影响流动人口收入和收入差距的重要因素。

五 户籍歧视仍是影响社会保障权益获得差异的主要因素

对城镇职工医疗保险权益获得进行非线性分解,结果表明,禀

赋效应可以解释总差异的67.3%,说明流动人口和本地职工参保率的差异主要由禀赋效应决定,进一步计算禀赋效应中的主要变量的贡献程度,可以得到,受教育年限可以解释总参保差异的33.78%,在单位性质的贡献率为29.36%,劳动合同的贡献率为15.01%,以上结果表明受教育程度、单位性质、签订劳动合同是影响流动人口和城镇本地职工参保差异的主要因素,受教育程度体现了对高人力资本群体的偏向性,单位性质、签订劳动合同则说明政府对企业保险缴费行为的约束性越强,流动人口的参保率越高。但是,结构效应(户籍歧视)的贡献率达32.7%,说明户籍歧视仍然是乡城流动人口参与城镇职工医疗保险的主要障碍。

六 企业社会保险缴费成本的转嫁能力在城镇本地职工和乡城流动人口中存在差异

从户籍差异的视角,实证检验了城镇职工医疗保险参与对工资的影响。研究结果表明,相对于未参保的劳动者,参保显著提高了乡城流动人口的工资水平,而对城镇本地职工工资的影响不显著。进一步基于我国的劳动力市场供求状况和农民工参保的制度环境分析发现,未发生缴费转嫁的原因主要是乡城劳动力供给短缺、对城镇职工社会保险的福利评价较低。上述研究结论反映了在我国社会保险制度和劳动力市场供求背景下,企业的社会保险缴费成本转嫁能力在城镇本地职工和农民工中的差异。

第二节 政策建议

针对我国流动人口收入差距的现状及变化趋势,结合前文的研究结论,本研究基于"识别问题、诊断原因、优化路径设计"的研究思路,从影响流动人口收入差异的关键因素为依据,从就业服务政策和社会保护政策两方面设计促进劳动力市场的自由流动、公平的收入分配机制的政策措施。

一 提高乡城流动人口及其子女的人力资本水平

受教育程度和经验为主的人力资本是影响各群体间收入差距的主要因素，说明流动人口在劳动力市场受到的户籍歧视已经弱化或者消失，这是劳动力市场机制作用的结果。政府应提高流动人口特别是乡城流动人口及其子女的人力资本水平。因此，在当前我国实现共同富裕的政策目标下，应该采取精准措施实现人力资本投资对收入的公平促进作用。第一，增加农村地区的教育投入，提高教育质量，保证农村居民在教育机会和教育资源方面的公平性，提高农村居民的受教育水平和受高等教育的机会，这是减少乡城流动人口城市进入劳动力市场户籍歧视、缩小教育收益率差异的根本途径。第二，加强流动人口子女的教育投资，优化未来的流动人口教育结构。根据人口迁移理论，城市的二代移民能否接受充分的教育，他们的人力资本水平充分积累，是保障城市化进程中劳动力素质整体提高的基本路径。加强流动人口子女的教育水平，重点对象是农村户籍儿童，提高教育资源向农村倾斜的力度，保证留守儿童的教育质量。随着人口流动进入家庭化迁移阶段，加强在人口流入地的教育均等化，进城随迁子女在城市获得更优质的教育。第三，教育在不同群体中的收入效应强度不同，需要更精准地识别不同群体教育收益率的提升路径，乡城流动人口就业更多集中在对教育、技能要求不高的领域，教育对收入的提升作用有限，因此，除了关注这部分群体受教育程度的作用，还应该重点关注这部分群体的劳动保护以及在流入地的社会保障权益状况，通过制定精准的政策来帮助其获得合理的报酬和社会保障权益，从而有效提升教育收益率。

二 完善流动人口社会保障制度

流动人口享有平等的社会保障权益是我国公共服务均等化改革的重要内容，社会保障均等化是促进流动人口城市融合，提高流动人口的归属感的重要影响因素。目前，我国已构建了养老保险、医疗保险、工伤保险、失业保险、生育保险五大险种为核心的社会保障体系。但是，现行的社会保障制度在制度设计和实施层面仍存在一些问题，其中一个明显的缺陷是不同类型的社会保障制度之间待遇水平差异明显且难以接续。以养老保险和医疗保险为例，我国现行的养老保险制度和医疗保险制度有城乡居民社会保险和城镇职工社会保险两种制度形式，但这两类保险待遇水平差距明显且难以接续，难以保障流动人口在流动过程中社会保障权益的获取。

针对社会保障制度存在的以上问题，首先，要按照流动人口的就业特征和对社会保障的现实需要，优先解决最紧迫的社会保障问题。第一，由于流动人口的平均受教育程度较低，流动人口就业大部分集中在技术含量低、职业风险高的行业，例如建筑、制造、运输以及平台就业等，这些行业具有劳动强度大、工作时间长以及职业风险高的特点，因此，要优先保证流动人口的工伤保险和医疗保险权益。第二，流动人口就业不稳定，应高度关注流动人口在非正规就业领域中的失业风险，尽快完善灵活就业人员的就业保护体系，将流动人口纳入失业保障制度，真正起到生活保障和促进就业的功能。

其次，引导流动人口积极参加城镇职工社会保障体系。随着我国户籍制度改革进程的推进，在现阶段，根据就业、住房的稳定性和居留意愿，流动人口出现了流动人口不流动的特点，大量的流动人口已成为城市化的流动人口。这部分群体长期在城市工作生活，就业和收入相对稳定，其社会保障需求已经与城市居民趋同，对于这部分流动人口，从政策上应该鼓励其参加城镇职工社会保险。对于流动性较强、收入不稳定的流动人口，则可继续参加城乡居民社会保险。

最后，尽快解决社会保险关系转移接续问题。城镇职工与城乡居民社会保险关系的转移接续一方面有利于维护流动人口的社会权益，促进劳动力的自由流动，从而推进城镇化的进程。另一方面，流动人口大多是具有市民化意愿的劳动力，参加城镇职工社会保险体系可以保证年老后的收入可持续性，避免陷入城市贫困。因此，在不同社会保险体系的转移接续方面，可以考虑在不对社会保险制度做较大改动的基础上，通过分段计算社会保险权益来实现社会保险关系的转移接续，提高流动人口参加高水平的城镇职工社会保险体系的积极性和可能性。

三 完善公共就业服务体系，提高流动人口的就业能力

第一，从中央层面来制定政策，加快户籍制度改革，剥离附加在户籍上的公共服务权益，推进基本公共服务的均等化。消除流动人口这一界定，让户籍回归为单纯的人口管理工具，从根本上保障流动人口的就业权益，减少流动人口与户籍人口享受基本公共服务上的差异。同时，重点关注城城流动人口的公共服务权益，城城流动人口因其城市户籍在流动人口管理中容易被忽视，但他们与乡城流动人口一样，未能享受与流入地户籍人口同等的公共服务，深化户籍制度改革，将公共服务获得权益与户籍剥离，打造公平的就业、居留环境，真正推进流动人口城市融入和城乡一体化。

第二，完善流动人口的职业培训体系，提升其就业能力。目前，大规模的流动人口是我国产业工人的主力军，但是这部分群体由于缺少必要的职业技能，大多数被筛选到次级劳动力市场中。这些流动人口尤其是乡城流动人口大多数从事非正规就业，依靠提高劳动

强度来换取高收入，导致自身的技能升级和将来的职业发展受阻，这种就业特征对未来的就业和收入带来不稳定性。作为政府应该为流动人口提供专门的技能培训和就业服务，保证技能培训的公益性和长期性，提高流动人口群体特别是乡城流动人口的职业技能水平，从而实现收入和就业的稳定性。

第三，加强对流动人口的劳动保护，维护劳动者的合法权益。流动人口在城市劳动力市场大部分从事脏、苦、累的工作，劳动强度大、职业伤害风险高且流动性强，企业容易逃避劳动保护和社会保障的责任，相关部门应重视这些流动人口就业集中的行业和企业，加强对企业规范用工行为的监管，通过劳动合同来保障流动人口的就业权益，维护他们在劳动力市场中就业的稳定性和正规性。

参考文献

一 中文文献

（一）专著

吕康银：《劳动力市场分割的实证研究》，科学出版社2016年版。

王桂新等：《迁移与发展——中国改革开放以来的实证》，科学出版社2005年版。

（二）译著

［美］吉利斯、波金斯、罗默、斯诺德格拉斯：《发展经济学》，黄卫平总译校，中国人民大学出版社1998年版。

［美］加里·贝克尔：《人力资本理论：关于教育的理论和实证分析》，郭虹等译，中信出版社2007年版。

［美］萨尔·D.霍夫曼：《劳动力市场经济学》，崔伟、张志强译，任扶善校，上海三联书店1989年版。

［英］威廉·配第：《赋税论》，邱霞、原磊译，华夏出版社2017年版。

［英］威廉·配第：《政治算术》，马妍译，中国社会科学出版社2010年版。

［英］亚当·斯密：《国民财富的性质和原因的研究》上卷，郭大力、王亚南译，商务印书馆1972年版。

（三）期刊

蔡昉：《户籍制度改革与城乡社会福利制度统筹》，《经济学动态》2010年第12期。

蔡昉、都阳、王美艳：《户籍制度与劳动力市场保护》，《经济研究》2001年第12期。

陈昊、赵春明、杨立强：《户籍所在地"反向歧视之谜"：基于收入补偿的一个解释》，《世界经济》2017年第5期。

陈杰、郭晓欣、钟世虎：《城市外来劳动力市场上的农业户籍歧视：时空变化特征及影响因素》，《学术月刊》2022年第7期。

陈传波、阎竣：《户籍歧视还是人力资本差异？——对城城与乡城流动人口收入差距的布朗分解》，《华中农业大学学报》（社会科学版）2015年第5期。

陈纯槿：《中国流动人口教育收益率的出生队列异质性研究》，《教育科学研究》2020年第10期。

陈云松：《农民工收入与村庄网络——基于多重模型识别策略的因果效应分析》，《社会》2012年第4期。

邓力源、唐代盛、余驰晨：《我国农村居民健康人力资本对其非农就业收入影响的实证研究》，《人口学刊》2018年第1期。

段成荣、马学阳：《当前我国新生代农民工的"新"状况》，《人口与经济》2011年第4期。

段钢：《人力资本理论研究综述》，《中国人才》2003年第5期。

方超、黄斌：《城乡一体化进程中我国流动人口的教育回报与工资收入差距的分解》，《教育科学》2017年第6期。

方超、黄斌：《工资收入视角下的城镇居民的教育回报》，《城市问题》2018年第6期。

封进：《社会保险对工资的影响——基于人力资本差异的视角》，《金融研究》2014年第7期。

高一兰、陆德明：《人力资本积累对海南农村劳动力转移的影响》，《当代经济》2010年第22期。

侯风云：《农村外出劳动力收益与人力资本状况相关性研究》，《财经研究》2004年第4期。

惠宁、霍丽：《试论人力资本理论的形成及其发展》，《江西社会科学》2008年第3期。

惠宁、白永秀：《人才资源是第一资源：资本理论演变的新趋势》，《学术月刊》2005年第3期。

黄健、高琪：《户籍身份与城镇职工教育收益率——分位回归估计系数的元分析》，《财经科学》2016年第3期。

关信平：《中国流动人口问题的实质及相关政策分析》，《国家行政学院学报》2014年第5期。

郭凤鸣、张世伟：《农民工过度劳动是"自愿选择"还是"无奈之举"？——基于过度劳动收入补偿的分析》，《劳动经济研究》2020年第4期。

郭继强、姜俪、陆利丽：《工资差异分解方法述评》，《经济学》（季刊）2011年第2期。

郭继强、陆利丽：《工资差异均值分解的一种新改进》，《经济学》（季刊）2009年第4期。

郭菲、张展新：《农民工新政下的流动人口社会保险：来自中国四大城市的证据》，《人口研究》2013年第3期。

郭震：《收入差距扩大的成因：来自农村家庭户收入的解释》，《经济经纬》2013年第6期。

李培林、李炜：《农民工在中国转型中的经济地位和社会态度》，《社会学研究》2007年第3期。

李实、吴彬彬：《中国外出农民工经济状况研究》，《社会科学战线》2020年第5期。

李晓壮：《中国流动人口社会融合实践模式及政策分析》，《国家行政学院学报》2017年第4期。

李亚慧、刘华：《健康人力资本研究文献综述》，《生产力研究》2009年第20期。

林李月、朱宇：《流动人口社会保险参与情况影响因素的分析——基于福建省六城市的调查》，《人口与经济》2009年第3期。

刘国恩等：《中国的健康人力资本与收入增长》，《经济学》（季刊）2004年第4期。

刘志军、王宏：《流动人口医保参保率影响因素研究——基于全国流动人口动态监测数据的分析》，《浙江大学学报》（人文社会科学版）2014年第5期。

陆文聪、李元龙：《农民工健康权益问题的理论分析：基于环境公平的视角》，《中国人口科学》2009年第3期。

罗俊峰、童玉芬：《流动人口就业者工资性别差异及影响因素研究——基于2012年流动人口动态监测数据的经验分析》，《经济经纬》2015年第1期。

罗楚亮、陈国强：《收入差距是否改善技术效率——基于省份面板数据的经验分析》，《学术研究》2016年第11期。

马双、孟宪芮、甘犁：《养老保险企业缴费对员工工资、就业的影响分析》，《经济学》（季刊）2014年第3期。

马志飞等：《中国城城流动人口的空间分布、流动规律及其形成机制》，《地理研究》2019年第4期。

马银坡、陈体标、史清华：《人口流动：就业与收入的区域差异》，《农业经济问题》2018年第5期。

孟凡强、邓保国：《劳动力市场户籍歧视与城乡工资差异——基于分位数回归与分解的分析》，《中国农村经济》2014年第6期。

钱雪亚、蒋卓余、胡琼：《社会保险缴费对企业雇佣工资和规模的影响研究》,《统计研究》2018 年第 12 期。

钱雪飞:《进城农民工收入的实证分析——基于南京市 578 名农民工的调查》,《南通师范学院学报》(哲学社会科学版)2004 年第 1 期。

秦立建、惠云、王震:《流动人口的社会保险覆盖率及其影响因素分析》,《统计研究》2015 年第 1 期。

秦立建、陈波:《医疗保险对农民工城市融入的影响分析》,《管理世界》2014 年第 10 期。

任远、陈春林:《农民工收入的人力资本回报与加强对农民工的教育培训研究》,《复旦学报》(社会科学版)2010 年第 6 期。

宋洪远、黄华波、刘光明:《关于农村劳动力流动的政策问题分析》,《管理世界》2002 年第 5 期。

孙继红、杨晓江、岳松:《OECD 的人力资本观、测量指标及启示》,《辽宁教育研究》2008 年第 12 期。

孙婧芳:《城市劳动力市场中户籍歧视的变化:农民工的就业与工资》,《经济研究》2017 年第 8 期。

汤希、任志江:《"民工荒"与我国"刘易斯拐点"问题》,《西北农林科技大学学报》(社会科学版)2018 年第 2 期。

唐聪聪:《不断缩小流动人口收入差距》,《宏观经济管理》2022 年第 11 期。

谭静、余静文、李小龙:《流动人口教育回报率的城乡户籍差异及其原因研究——来自 2012 年北京、上海、广州流动人口动态监测的经验证据》,《中国农村观察》2017 年第 1 期。

谭江蓉:《乡城流动人口的收入分层与人力资本回报》,《农业经济问题》2016 年第 2 期。

王秀芝、易婷:《健康人力资本的收入效应》,《首都经济贸易大学学报》2017 年第 4 期。

王美艳：《转轨时期的工资差异：歧视的计量分析》，《数量经济技术经济研究》2003年第5期。

王倩：《我国垄断行业高收入形成机制及租金耗散过程分析》，《华东经济管理》2013年第9期。

王曲、刘民权：《健康的价值及若干决定因素：文献综述》，《经济学》（季刊）2005年第4期。

吴彬彬：《外出农民工城镇社保参与率的性别差异——基于扩展的Blinder-Oaxaca分解》，《中国农村经济》2019年第5期。

谢嗣胜、姚先国：《农民工工资歧视的计量分析》，《中国农村经济》2006年第4期。

谢勇、史晓晨：《农民工的劳动时间及其影响因素研究——基于江苏省的调研数据》，《河北大学学报》（哲学社会科学版）2013年第1期。

邢春冰、贾淑艳、李实：《教育回报率的地区差异及其对劳动力流动的影响》，《经济研究》2013年第11期。

邢春冰、李溢、杨鹏：《城镇地区还存在对外来务工人员的工资歧视吗？——外来人口分布与城镇地区的工资决定》，《深圳社会科学》2021年第1期。

邢春冰：《农民工与城镇职工的收入差距》，《管理世界》2008年第5期。

邢春冰、罗楚亮：《农民工与城镇职工的收入差距——基于半参数方法的分析》，《数量经济技术经济研究》2009年第10期。

徐凤辉、赵忠：《户籍制度和企业特征对工资收入差距的影响研究》，《中国人民大学学报》2014年第3期。

鄢伟波、安磊：《社会保险缴费与转嫁效应》，《经济研究》2021年第9期。

杨娟、赵心慧：《教育对不同户籍流动人口收入差距的影响》，《北京工商大学学报》（社会科学版）2018年第5期。

杨玉萍：《健康的收入效应——基于分位数回归的研究》，《财经科学》2014年第4期。

杨菊华：《城乡分割、经济发展与乡—城流动人口的收入融入研究》，《人口学刊》2011年第5期。

杨菊华：《城乡差分与内外之别——流动人口劳动强度比较研究》，《人口与经济》2011年第3期。

杨菊华、张莹、陈志光：《北京市流动人口身份认同研究——基于不同代际、户籍及地区的比较》，《人口与经济》2013年第3期。

杨宜勇、王伶鑫：《流动人口教育回报率变动趋势研究》，《中国人口科学》2021年第2期。

于潇、孙悦：《城镇与农村流动人口的收入差异——基于2015年全国流动人口动态监测数据的分位数回归分析》，《人口研究》2017年第1期。

于潇、陈世坤：《教育会扩大流动人口收入差距吗?》，《教育与经济》2019年第5期。

姚先国、赖普清：《中国劳资关系的城乡户籍差异》，《经济研究》2004年第7期。

郑猛：《教育扩张下流动人口教育收益率与收入差距》，《教育与经济》2017年第5期。

章莉等：《中国劳动力市场上工资收入的户籍歧视》，《管理世界》2014年第11期。

章莉、吴彬彬：《就业户籍歧视的变化及其对收入差距的影响：2002—2013年》，《劳动经济研究》2019年第3期。

张世伟、郭凤鸣：《分位数上的性别工资歧视——基于东北城镇劳动力市场的经验研究》，《中国人口科学》2009年第6期。

张锦华、王雅丽、伍山林：《教育对农民工工资收入影响的再考察——基于 CHIP 数据的分析》,《复旦教育论坛》2018 年第 2 期。

张刚、姜玉:《流动人口收入水平的地区差异与影响因素研究》,《西北人口》2017 年第 5 期。

赵军洁、范毅:《改革开放以来户籍制度改革的历史考察和现实观照》,《经济研究参考》2019 年第 10 期。

赵军洁、张晓旭:《中国户籍制度改革:历程回顾、改革估价和趋势判断》,《宏观经济研究》2021 年第 9 期。

赵绍阳、杨豪:《我国企业社会保险逃费现象的实证检验》,《统计研究》2016 年第 1 期。

赵西亮:《教育、户籍转换与城乡教育收益率差异》,《经济研究》2017 年第 12 期。

朱宇、林李月、柯文前:《国内人口迁移流动的演变趋势:国际经验及其对中国的启示》,《人口研究》2016 年第 5 期。

周作昂、赵绍阳:《农民工参加城镇职工社保对工资的替代效应》,《财经科学》2018 年第 7 期。

(四) 博士学位论文

毕菲:《我国人力资本投资对经济增长的影响研究》,博士学位论文,吉林大学,2018 年。

陈彩:《EVA 视角下高新技术企业核心研发人员人力资本产权激励机制研究》,硕士学位论文,西安电子科技大学,2011 年。

丁志慧:《中国农村居民贫困多代际传递研究》,博士学位论文,中南财经政法大学,2019 年。

高一兰:《人力资本、制度与我国农村劳动力迁移》,博士学位论文,上海社会科学院,2016 年。

黄敦平:《劳动力流动对经济发展差距影响实证分析》,博士学位论文,吉林大学,2015 年。

林燕:《二元结构下的劳动力非家庭化转移研究》,博士学位论文,浙江大学,2009年。

潘苏楠:《中国人力资本结构高级化对经济发展的影响机理研究》,博士学位论文,吉林大学,2021年。

单铁成:《人力资本投资对农户相对贫困的影响研究》,博士学位论文,中南财经政法大学,2022年。

尹振宇:《人力资本视角下劳动者认知与非认知能力的收入效应研究》,博士学位论文,首都经济贸易大学,2020年。

二 外文文献

Bozio A., T. Breda, J. Grenet, "Does Tax-Benefit Linkage Matter for the Incidence of Social Security Contributions?", *Working Paper*, 2019.

Cappelli P., Cascio W. F., "Why Some Jobs Command Wage Premiums, A Test of Career Tournament and Internal Labor Market Hypotheses?", *Academy of Management Journal*, Vol. 34, No. 4, 1991.

Constant A., Massey D. S., "Labor Market Segmentation and the Earnings of German Guestworkers", *Population Research and Policy Review*, Vol. 24, No. 5, 2005.

Hum, Derek, Wayne Simpson, "Economic Integration of Immigrants to Canada: A Short Survey", *Canadian Journal of Urban Research*, Vol. 13, No. 1, 2004.

Chiswick, Barry R., "The Effect of Americanization on the Earnings of Foreign-Born Men", *Journal of Political Economy*, Vol. 86, No. 5, 1978.

Dinardo J., Fortin N. M., Lemieux T., "Labor Market Institutions and the Distribution of Wages 1973-1992: A Semiparametric Approach",

Econometrica, Vol. 64, No. 5, 1996.

Fei John, Ranis Gustav, "A Theory of Economic Development", *The American Economic Review*, Vol. 51, No. 4, 1961.

Firpo S., Fortin N. M., Lemieux T., "Unconditional Quantile Regressions", *Econometrica*, Vol. 77, No. 3, 2009.

Firpo S., Fortin N. M., Lemieux T., "Decomposing Wage Distributions Using Recentered Influence Function Regressions", *University of British Columbia*, Vol. 6, No. 2, 2018.

Harris J., Todaro Michacl, "Migration, Unemployment and Development: A Two Sector Analysis", *American Economic Review*, Vol. 60, No. 1, 1970.

Gregory, Paul R., "Fertility and Labor Force Participation in the Soviet Union and Eastern Europe", *Review of Economics and Satistics*, Vol. 64, No. 1, 1982.

Gurber J., "The Incidence of Payroll Taxation: Evidence from Chile", *Journal of Labor Economics*, Vol. 15, No. 3, 1997.

Grossman Michael, "On the Concept of Health Capital and the Demand for Health", *Journal of Political Economy*, Vol. 80, No. 2, 1972.

Jorgenson Dale W., "Surplus Agricultural Labour and the Development of a Dual Economy", *Oxford Economic Papers*, Vol. 19, No. 2, 1967.

Konenker R., Bassett G., "Regression quantlies", *Economentrica*, Vol. 46, No. 1, 1978.

Knight J., Deng Q., Li S., "The Puzzle of Migrant Labour Shortage and Rural Labour Surplus in China", *China Economic Review*, Vol. 22, No. 4, 2011.

Kuhn P., Shen K., "Do Employers Prefer Migrant Workers? Evidence from a Chinese Job Board", *IZA Journal of Labor Economics*,

Vol. 4, No. 22, 2015.

Lucas Robert, "Life Earnings and Rural-Urban Migration", *Journal of Political Economy*, Vol. 112, No. 1, 2004.

Li Z., Wu M., "Estimating the Incidences of the Recent Pension Reform in China: Evidence from 100, 000 Manufacturers", *Contemporary Economic Polic*, Vol. 31, No. 2, 2013.

Maloney W., Goni. E., Bosch. M., "The Determinants of Rising Informality in Brazil: Evidence from Gross Worker Flows", *Research Working Paper*, World Bank, Washington, D. C., 2007.

Mushkin, Selma J., "Health as an Investment", *Journal of Political Economy*, Vol. 70, No. 5, 1962.

Oaxaca R. L., Ransom M. R., "On Discrimination and the Decomposition of Wage Differentials", *Journal of Econometrics*, Vol. 61, No. 1, 1994.

Oaxaca, Ronald L., "Male-Female Wage Differentials in Urban Labor Markets", *International Economic Review*, Vol. 14, No. 3, 1973.

Ram R., T. Schultz, "Life Span, Health, Savings and Productivity", *Economic Development and Cultural Change*, Vol. 27, No. 3, 1979.

Riphahn R., "Income and Employment Effects of Health Shocks: A Test Case for the German Welfare State", *Journal of Population Economics*, Vol. 12, No. 3, 1999.

Stark O., "Rural to Urban Migration in LDCs: A Relative Deprivation Approach", *Economic Development and Cultural Change*, Vol. 32, No. 3, 1984.

Sjaastad, Larry A., "The Costs and Returns of Human Migration", *The Journal of Political Econom*, Vol. 70, No. 3, 1962.

Spence A. M., "Job Market Signaling", *Quarterly Journal of Economics*,

Vol. 87, No. 3, 1973.

Summers L. H., "Some Simple Economics of Mandated Benefits", *American Economic Review*, Vol. 79, No. 2, 1989.

Thomas D., Strauss J., "Health and Wages: Evidence on Men and Women in Urban Brazil", *Journal of Econometrics*, Vol. 77, No. 1, 1997.

William Arthur Lewis, "Economic Development with Unlimited Supplies of Labour", *The Manchester School of Economic and Social Studies*, Vol. 22, No. 2, 1954.